D1705049

Band 42

Schriften zum Notarrecht

Herausgegeben von der
Deutschen Notarrechtlichen Vereinigung e.V. (NotRV)

Herausgeber-Beirat
Prof. Dr. Johannes Hager (Vorsitzender),
Forschungsstelle für Notarrecht
der Ludwig-Maximilians-Universität München
Notar Dr. Andreas Albrecht,
Präsident der Landesnotarkammer Bayern
Prof. Dr. Walter Bayer,
Institut für Notarrecht an der Friedrich-Schiller-Universität Jena
Prof. Dr. Mathias Schmoeckel,
Rheinisches Institut für Notarrecht
der Friedrich-Wilhelms-Universität Bonn
Prof. Dr. Rainer Schröder,
Institut für Notarrecht der Humboldt-Universität zu Berlin
Prof. Dr. Andreas Spickhoff,
Institut für Notarrecht der Georg-August-Universität Göttingen
Notar Prof. Dr. Peter Limmer,
Institut für Notarrecht an der Julius-Maximilians-Universität Würzburg

Prof. Dr. Walter Bayer/Prof. Dr. Elisabeth Koch (Hrsg.)

Personen- und Kapitalgesellschaftsrecht an den Schnittstellen zum Familien- und Erbrecht

Nomos

Die Deutsche Nationalbibliothek verzeichnet diese Publikation in
der Deutschen Nationalbibliografie; detaillierte bibliografische
Daten sind im Internet über http://dnb.d-nb.de abrufbar.

ISBN 978-3-8487-1577-0 (Print)
ISBN 978-3-8452-5592-7 (ePDF)

1. Auflage 2015
© Nomos Verlagsgesellschaft, Baden-Baden 2015. Printed in Germany. Alle Rechte, auch
die des Nachdrucks von Auszügen, der fotomechanischen Wiedergabe und der Übersetzung, vorbehalten. Gedruckt auf alterungsbeständigem Papier.

Vorwort

Dieser Tagungsband versammelt die Vorträge, welche auf dem 9. Symposium des Instituts für Notarrecht an der Friedrich-Schiller-Universität Jena am 25. April 2014 unter dem Titel „Fragen des Personen- und Kapitalgesellschaftsrechts an den Schnittstellen zum Familien- und Erbrecht" gehalten wurden. Im Zentrum des Bandes stehen Rechtsprobleme bei der Übertragung von Gesellschaftsanteilen im Zuge eines Generationenwechsels. Die vornehme Aufgabe der vertragsgestaltenden Notare und Anwälte ist es, im Spannungsfeld konkurrierender wirtschaftlicher und persönlicher Interessen des potenziellen Erblassers, seiner Angehörigen und seiner Mitgesellschafter belastbare Lösungen zu entwickeln und die Vernichtung wirtschaftlicher Werte zu verhindern.
Einführend gibt *Alfred Bergmann* in seinem Referat einen Überblick zu familien- und erbrechtlichen Aspekten in der neueren Rechtsprechung des BGH im Gesellschaftsrecht, darunter auch eine Episode aus dem mittlerweile Rechtsgeschichte schreibenden Fall Suhrkamp. *Martin Feick* und *Eckhard Wälzholz* erörtern in ihren Beiträgen eingehend die zivil- bzw. steuerrechtlichen Implikationen bei der Gestaltung gesellschaftsrechtlicher Nachfolgeklauseln. Ihre Referate verdeutlichen, dass eine scheinbar geringfügige Inkonsistenz der letztwilligen Verfügung mit der gesellschaftsvertraglichen Klausel zwar zivilrechtlich noch die gewünschten Rechtsfolgen erzeugen, steuerrechtlich jedoch verheerend sein kann. Eine gesellschafts- und steuerrechtlich geglückte Nachfolgeregelung kann jedoch auch faktisch an Pflichtteils(ergänzungs)ansprüchen scheitern, die gegenüber den Erben oder den Mitgesellschaftern erhoben werden. *Harm Peter Westermann* begibt sich daher in seinem Beitrag auf die Suche nach gesellschaftsrechtlichen Instrumenten zur Vermeidung bzw. Verminderung der Pflichtteilslast. Abschließend legt *Frauke Wedemann* überzeugend dar, dass eine vollständige Nachfolgeplanung nicht nur das Versterben eines Gesellschafters, sondern auch deren alters- oder krankheitsbedingten Ausfall zu berücksichtigen hat. Ob und inwieweit Vorsorgevollmachten eingesetzt werden können, um eine kontinuierliche Unternehmensfortführung bei Personen- und Kapitalgesellschaften zu gewährleisten, ist zentrales Thema ihres Beitrags.

Univ.-Prof. Dr. Walter Bayer
Direktor des Instituts für Notarrecht an der Friedrich-Schiller-Universität Jena

Inhaltsverzeichnis

Vorwort	5
Inhaltsverzeichnis	7
Familien- und erbrechtliche Aspekte in der Rechtsprechung des Bundesgerichtshofs im Gesellschaftsrecht *Alfred Bergmann*	9
Steuerliche Probleme bei Nachfolgeklauseln *Eckhard Wälzholz*	23
Nachfolgeregelungen in Gesellschaftsverträgen von Familienunternehmen *Martin Feick*	49
Die Vermeidung von Pflichtteilsansprüchen durch gesellschaftsrechtliche Instrumente *Harm Peter Westermann*	69
Vorsorgevollmachten im gesellschaftsrechtlichen Kontext *Frauke Wedemann*	95

Familien- und erbrechtliche Aspekte in der Rechtsprechung des Bundesgerichtshofs im Gesellschaftsrecht

Alfred Bergmann[*]

I. Einführung

Die Zuständigkeiten der Zivilsenate des Bundesgerichtshofs sind bekanntlich nach Sachgebieten abgegrenzt. Gleichwohl kommt es nicht gerade selten vor, dass sich der für ein bestimmtes Rechtsgebiet zuständige Senat mit rechtlichen Fragen befassen muss, die an sich in die Zuständigkeit eines anderen Senats fallen. Das ist – vereinfacht ausgedrückt – der Fall, wenn neben den die Zuständigkeit des erkennenden Senats begründenden und im Vordergrund des Streits stehenden Gegenständen noch weitere, zur Zuständigkeit eines anderen Senats gehörende Fragen auftreten. Mein Beitrag wird sich mit Schnittstellen zwischen Gesellschaftsrecht, Familienrecht und Erbrecht befassen. Zwischen den genannten Rechtsmaterien gibt es eine Vielzahl von Berührungspunkten, so dass das zunächst weit gefasste Vortragsthema einer Eingrenzung bedarf. Ein grundsätzlicher Ansatz oder ein umfassender Überblick scheidet wegen der zeitlichen Beschränkung, vor allem aber wegen mangelnder Kompetenz des Vortragenden aus. Ich habe vielmehr einzelne Aspekte des Stoffes anhand von Entscheidungen aus meiner Zeit als Vorsitzender des II. Zivilsenats des Bundesgerichtshofs ausgewählt, also aus den letzten 3 1/2 Jahren. Dabei habe ich zum einen die Problembereiche außen vor gelassen, die Gegenstand der nachfolgenden Referate sein werden. Zum anderen habe ich mich nicht auf Entscheidungen des II. Zivilsenats des Bundesgerichtshofs beschränkt, sondern auch Judikate des IX. und des XII. Zivilsenats einbezogen. Das führt zu folgender Gliederung: Ich werde zunächst anhand der neueren Rechtsprechung des XII. Zivilsenats zur Abgrenzung von bloßen sog. ehebedingten oder unbenannten Zuwendungen zur konkludent ver-

---

[*] Prof. Dr. Alfred Bergmann ist Vorsitzender Richter des II. Zivilsenats des Bundesgerichtshofs.

einbarten Ehegatteninnengesellschaft des bürgerlichen Rechts sprechen. Sodann wende ich mich Fallgestaltungen zu, in denen die Rechtsprechung es in Betracht zieht, Familienangehörige, die nicht Gesellschafter sind, gleichwohl unter dem in Rede stehenden Aspekt wie solche zu behandeln. Dabei soll es um Gesellschafterdarlehen, Stimmverbote und Vertretungsfragen in der Aktiengesellschaft gehen, jeweils gleichfalls in Anknüpfung an neuere Entscheidungen des Bundesgerichtshofs. Und im Bereich der Schnittstelle zwischen Erb- und Gesellschaftsrecht möchte ich Senatsentscheidungen zum Vollzug der Schenkung einer gesellschaftsrechtlichen Beteiligung von Todes wegen sowie zu Fragen der Testamentsvollstreckung beim Kommanditanteil ansprechen.

II. Ehegatteninnengesellschaft (BGH NJW 2012, 3374; BGHZ 165, 1)

Beginnen wir mit dem Anfang, in unserer Materie also mit der Begründung eines Gesellschaftsverhältnisses, genauer gesagt mit dem Abschluss eines Gesellschaftsvertrags einer Gesellschaft bürgerlichen Rechts. Da dieser als solcher grundsätzlich keiner Form bedarf, kommt nach allgemeiner Meinung ein konkludenter Vertragsschluss in Betracht und ist ein solches Zustandekommen tatsächlich, vor allem bei der sog. Innengesellschaft, die als solche nach außen nicht in Erscheinung tritt, sogar sehr häufig. Da ein konkludenter Vertragsschluss nur eine tatsächliche Willensüberstimmung erfordert, nicht aber, dass den Beteiligten die rechtlichen Folgen ihres tatsächlichen Verhaltens bewusst sind oder sie gar von ihnen angestrebt werden, werden sie später nicht selten von der rechtlichen Beurteilung, sie hätten sich zu einer Gesellschaft bürgerlichen Rechts zusammengeschlossen, mit meist aus ihrer Sicht negativen Folgen überrascht.

Ist zwar die rechtliche Vorstellung, dass eine Gesellschaft bürgerlichen Rechts gegründet wird, nicht erforderlich, weil die auf die tatsächlichen Voraussetzungen einer solchen Gesellschaft bezogene Willensübereinstimmung ausreicht, so ist damit aber doch die jedenfalls konkludente Übereinkunft verlangt, sich im Sinne des § 705 BGB gegenseitig zu verpflichten, die Erreichung eines gemeinsamen Zwecks in der durch die Übereinkunft bestimmten Weise zu fördern. Diese (konkludente) Übereinkunft setzt einen Verpflichtungswillen voraus, so dass Verhaltensweisen, die auf die Begründung bloßer Gefälligkeitsverhältnisse ohne Rechtsbindungswillen gerichtet sind, von vornherein nicht zur Begründung einer Gesellschaft bürgerlichen Rechts führen können. Liegt ein Rechtsbindungswille vor, scheidet die Annahme einer Gesellschaft bürgerlichen Rechts im Sinne der §§ 705 ff. BGB gleichwohl aus, wenn die Beteiligten schon aus anderen Gründen zur Erreichung eines gemeinsamen Zwecks verbunden sind oder sich verbinden, für diese Zweckgemeinschaft besondere rechtliche Regeln gelten und die Übereinkunft der an dieser Zweckgemeinschaft Beteiligten nicht über die Verfolgung dieses speziell geregelten Zwecks hinausgeht. Solche besondere Zweckgemeinschaften können aus Miteigentümern, Miterben und eben Ehegatten bestehen. So entspricht es etwa der Rechtsprechung des Bundesgerichtshofs, dass die Miterbengemeinschaft ein ererbtes Handelsgeschäft in ungeteilter Erbengemeinschaft ohne zeitliche Begrenzung fortführen darf, ohne dass sie dadurch automatisch zur offenen Handelsgesellschaft würde. Dazu bedarf es vielmehr eines besonderen Beschlusses der Miterben, der zwar auch konkludent gefasst werden kann, aber eben noch nicht allein in dem Entschluss der Erben zur Geschäftsfortführung erblickt werden kann.[1] Entsprechendes gilt für Ehegatten. Auch für deren gemeinsame Zweckverfolgung sind in der Rechtsprechung nur dann gesellschaftsrechtliche Grundsätze herangezogen worden, wenn sich die Eheleute in den Dienst einer gemeinsamen Aufgabe gestellt haben, die über die (durch die Ehe begründete) eigentliche Lebensgemeinschaft hinausgeht.[2] In der hierzu ergangenen neueren Rechtsprechung des Bundesgerichtshofs, für die in erster Linie dessen XII. Zivilsenat zuständig ist, wird allerdings bereits der für die Begründung eines Gesellschaftsverhältnisses erforderliche Rechtsbindungswille verneint, wenn die Beteiligten einen Zweck verfolgen, der nicht über die eheliche Lebensgemeinschaft hinausgeht.[3] Diese Grundsätze wendet die neuere Rechtsprechung entsprechend auch auf nichteheliche Lebensgemeinschaften an.[4]

Der Erwerb und die Erhaltung des Familienheims scheiden danach als Zweck einer Ehegatteninnengesellschaft regelmäßig aus, weil diese Ziele nicht über die Aufgaben einer ehelichen Lebensgemeinschaft hinausgehen.[5] Dagegen kommt die Annahme einer BGB-Innengesellschaft insbesondere bei einem (nach außen) auf den Namen eines Ehegatten betriebenen Unternehmens bei gemeinsamer Tätigkeit im Betrieb selbst dann in

---

1 BGHZ 92, 259, 264.
2 Vgl. BGHZ 84, 388, 391.
3 BGH NJW 2012, 3374 Rn. 18.
4 Vgl. BGH aaO.
5 Vgl. dazu auch *Herr*, NJW 2012, 3486, 3487 mwN.

Betracht, wenn das Betreiben des Geschäfts nur der Sicherung des Familienunterhalts dient.[6] Ist zwischen Ehegatten eine BGB-Gesellschaft begründet worden, kommt bei deren Beendigung ein Anspruch auf Zahlung eines Auseinandersetzungsguthabens nach §§ 730 ff. BGB in Betracht. Dieser besteht neben etwaigen güterrechtlichen Ansprüchen, zB neben einem Anspruch auf Zugewinnausgleich. Verzichtet ein Ehegatte im Rahmen von vertraglichen Vereinbarungen bei Beendigung der Ehe auf einen Zugewinnausgleich, so muss diese Abrede keinen Verzicht auf etwaige gesellschaftsrechtliche Auseinandersetzungsansprüche umfassen.[7] Ist dagegen nach den Abgrenzungskriterien der neueren Rechtsprechung zwischen Ehegatten ein Gesellschaftsverhältnis nicht begründet worden, kommt nach Scheitern der Ehe zum Ausgleich von Leistungen, die vor Eheschließung im Hinblick auf die künftige Ehe und während der bestehenden Ehe mit Gütertrennung gegenüber dem anderen Ehegatten erbracht wurden, ein Ausgleichsanspruch nach den Grundsätzen über den Wegfall der Geschäftsgrundlage in Betracht. Ob und in welchem Umfang Zuwendungen wegen Wegfalls der Geschäftsgrundlage zurückerstattet werden, richtet sich nach Billigkeitserwägungen. Ein Ausgleichsanspruch besteht nur, wenn die Beibehaltung der durch die Zuwendungen geschaffenen Vermögensverhältnisse nach Treu und Glauben unzumutbar ist.[8] Die frühere Rechtsprechung des II. Zivilsenats tendierte demgegenüber wohl zur (lückenfüllenden) entsprechenden Anwendung des Gesellschaftsrechts, wenn die güterrechtliche Vermögenszuordnung keinen gerechten Ausgleich zur Folge hatte oder einschlägige gesetzliche Ausgleichsregelungen überhaupt fehlten.[9]

III. Familienangehörige als gesellschaftergleiche Dritte

Gesellschaftsrechtliche Rechte und Pflichten oder bestimmte Rechtsfolgen knüpfen in der Regel an die durch die Mitgliedschaft vermittelte Gesellschafterstellung an. Dritte können allerdings unter bestimmten Voraussetzungen wie Gesellschafter zu behandeln sein. Das kommt insbesondere in

---

6 Vgl. BGHZ 165, 1, 6.
7 BGHZ 165, 1, 8 ff.
8 Vgl. BGH NJW 2012, 3374 Rn. 25; BGHZ 177, 193 Rn. 44.
9 Vgl. BGHZ 84, 388, 390 ff.; zur „Abgrenzung" vgl. das Urteil des XII. Zivilsenats vom 30. Juni 1999 – XII ZR 230/96, BGHZ 142, 137; vgl. ferner BGHZ 155, 249.

Betracht, wenn der Dritte in einem Näheverhältnis zu einem Gesellschafter oder zur Gesellschaft steht, das beispielsweise durch ein Ehe- oder Verwandtschaftsverhältnis begründet sein kann. Unter welchen Voraussetzungen ein derartiges Näheverhältnis dazu führt, dass der nahestehende Dritte wie ein Gesellschafter zu behandeln ist, soll im Folgenden beispielhaft für die Gleichstellung Dritter bei Gesellschafterdarlehen, Stimmverboten und aktienrechtlichen Vertretungsregeln anhand jüngerer Entscheidungen des Bundesgerichtshofs erörtert werden.

1. Gesellschafterdarlehen (BGH NZG 2011, 667; 2013, 1385; BGHZ 188, 363)

Darlehen, die ein Gesellschafter der Gesellschaft gewährt hat, können vor allem im GmbH-Recht bei der Frage der ordnungsgemäßen Aufbringung und Erhaltung des Stammkapitals Bedeutung erlangen. So setzt die Erfüllung der Einlageschuld nach § 8 Abs. 2 Satz 1 GmbHG nicht nur voraus, dass die vereinbarten Leistungen auf die Geschäftsanteile bewirkt sind, sondern der Gegenstand der Leistungen muss sich darüber hinaus endgültig in der freien Verfügung der Geschäftsführer befinden. Das Vorliegen dieser Voraussetzung kann zweifelhaft sein, wenn mit der auf die Einlageschuld geleisteten Geldzahlung ein von dem betreffenden Gesellschafter der Gesellschaft gewährtes Darlehen zurückgezahlt werden soll. Ein solcher Vorgang kann ferner unter Umständen auch als eine verdeckte Sacheinlage durch Einbringung des Gesellschafterdarlehens (genauer: des gegen die Gesellschaft gerichteten Rückzahlungsanspruchs des Gesellschafters aus dem von ihm gewährten Darlehen) gem. § 19 Abs. 4 GmbHG zu beurteilen sein. Die verdeckte Sacheinlage befreit den Gesellschafter gleichfalls nicht von seiner Einlageverpflichtung, sondern führt lediglich bei Werthaltigkeit des Rückzahlungsanspruchs, für die der Gesellschafter die Beweislast trägt, zur Anrechnung auf die fortbestehende Geldeinlagepflicht (§ 19 Abs. 4 Satz 3 bis 5 GmbHG). Nach §§ 32a, b GmbHG in der bis zum Gesetz zur Modernisierung des GmbH-Rechts und zur Bekämpfung von Missbräuchen (MoMiG)[10] geltenden und für Altfälle weiterhin anwendbaren Fassung wurden Darlehen, die ein Gesellschafter der Gesellschaft in der Krise gewährt oder stehen gelassen hatte, wie Eigenkapital behandelt und der Bindung nach §§ 30, 31 GmbHG unterwor-

---

10 Gesetz vom 23. Oktober 2008, BGBl. I, 2026.

fen. Nach der durch das MoMiG bewirkten Rechtsänderung werden Forderungen auf Rückgewähr von Gesellschafterdarlehen nunmehr im Insolvenzfall gem. § 39 Abs. 1 Nr. 5 InsO nachrangig befriedigt. In allen Fällen kann sich die Frage stellen, unter welchen Voraussetzungen ein von einem nahestehenden Dritten der Gesellschaft gewährtes Darlehen gleichfalls die in den genannten Vorschriften angeordneten Rechtsfolgen für Gesellschafterdarlehen auslöst.

In der Entscheidung des Bundesgerichtshofs vom 12. April 2011[11] war zu prüfen, welche Folgen die Tilgung der von Ehegatten der Gesellschafter einer GmbH gewährten Darlehen mit der bei einer Kapitalerhöhung übernommenen und bewirkten Bareinlage der Gesellschafter auf deren Einlageverpflichtung hatte. Die beiden Gesellschafter der GmbH, deren Ehefrauen der Gesellschaft Darlehen gewährt hatten, hatten eine Barkapitalerhöhung zum Zwecke des Verkaufs der alten und der neuen Geschäftsanteile beschlossen. Einen Teil des von den Käufern der Geschäftsanteile gezahlten Kaufpreises hatten die Gesellschafter sodann als Leistungen auf die Kapitalerhöhung auf das Geschäftskonto der GmbH überwiesen, von dem anschließend per Überweisung u.a. die Darlehensverbindlichkeiten der Gesellschaft gegenüber den Ehefrauen getilgt wurden. Die GmbH machte später geltend, die bei der Kapitalerhöhung übernommenen Einzahlungsverpflichtungen auf die Stammeinlagen seien nicht erfüllt worden.

Dieser Ansicht ist der Bundesgerichtshof nicht gefolgt. Trotz der absprachegemäßen Weiterüberweisung der eingezahlten Beträge liegt eine Leistung zur freien Verfügung der Geschäftsführung im Sinne von § 8 Abs. 2 Satz 1 GmbHG vor. Verwendungsabsprachen sind unschädlich, wenn die abgesprochene Weiterleitung der an die Gesellschaft geleisteten Einlagezahlung in Ausübung der freien Verfügungsmacht der Geschäftsführung erfolgt und die Einlage nicht unmittelbar oder mittelbar an den Gesellschafter zurückfließt.[12] Die Darlehen der Ehefrauen waren auch nicht so zu behandeln, als hätten die Gesellschafter die Darlehen selbst gewährt mit der Folge, dass in diesem Fall in Wirklichkeit keine Bareinlagen vereinbart gewesen, sondern die Rückzahlungsansprüche aus den gewährten Darlehen eingebracht worden wären. Dann wäre es auf den Wert dieser Rückzahlungsansprüche im Zeitpunkt der Anmeldung der Kapitalerhöhung zum Handelsregister angekommen, § 56 Abs. 2, § 19 Abs. 4

---

11 II ZR 17/10, NZG 2011, 667.
12 BGH NZG 2011, 667 Rn. 12 f.

Satz 3 GmbHG. In der Tilgung eines von einem Dritten gewährten Darlehens mit der Bareinlage liegt aber nur dann eine verdeckte Sacheinlage durch Einbringung eines Gesellschafterdarlehens, wenn es wirtschaftlich vom Inferenten gewährt wurde oder die Einlage mit Mitteln bewirkt wird, die dem Inferenten vom Dritten zur Verfügung gestellt worden sind. Ein Näheverhältnis des Inferenten zum Darlehensgeber allein genügt nicht.[13] Da weitergehende Feststellungen zur Herkunft der Darlehen nicht getroffen worden waren, reichte es daher im Streitfall nicht aus, dass die Darlehen von den Ehegatten der Inferenten gewährt worden waren.

Für die Erhaltung des Stammkapitals gelten entsprechende Grundsätze. Bei der Prüfung, ob (in einem Altfall) auf ein von dem einem Gesellschafter nahestehenden Dritten der GmbH gewährtes oder stehengelassenes Darlehen die Regeln des Eigenkapitalersatzrechts vor dem MoMiG anwendbar sind, kommt es darauf an, ob eine wirtschaftliche Einheit zwischen dem Dritten und dem Gesellschafter anzunehmen ist. Davon kann bei Ehepartnern oder sonstigen Familienangehörigen nicht ohne weiteres ausgegangen werden, sondern es müssen weitere Umstände hinzutreten, die eine solche Annahme rechtfertigen.[14] Die Annahme einer wirtschaftlichen Einheit ist insbesondere dann gerechtfertigt, wenn das Darlehen mit Mitteln des Gesellschafters gewährt worden ist.

Für die Rechtslage nach dem MoMiG hat der IX. Zivilsenat des Bundesgerichtshofs ausgesprochen, dass das von einem Dritten gewährte Darlehen einem Gesellschafterdarlehen im Sinne des § 39 Abs. 1 Nr. 5 InsO nicht schon dann entspricht, wenn es sich bei dem Dritten um eine dem Schuldner nahestehende Person im Sinne des § 138 InsO handelt.[15] Im Streitfall waren Darlehen von nahestehenden Personen im Sinne von § 138 Abs. 1 Nr. 2 InsO (Verwandte des Schuldners) und § 138 Abs. 1 Nr. 4 InsO (Gesellschaft, an der Verwandte des Schuldners beteiligt sind) in Verbindung mit Abs. 2 Nr. 3 (Erstreckung auf juristische Personen und Gesellschaften ohne Rechtspersönlichkeit als Schuldner) gewährt worden. Gegenüber nahestehenden Personen im Sinne von § 138 InsO werden bestimmte Voraussetzungen der insolvenzrechtlichen Anfechtungstatbestände vermutet (§ 130 Abs. 3, § 132 Abs. 3, § 137 Abs. 2 Satz 2 InsO: Vermutung der Kenntnis der Zahlungsunfähigkeit oder des Eröffnungsantrags; § 131 Abs. 2 Satz 2 InsO: Kenntnis der Benachteiligung der Insol-

---

13 BGH NZG 2011, 667 Rn. 15.
14 BGH NZG 2013, 1385 Rn. 18.
15 BGHZ 188, 363 Rn. 11.

venzgläubiger). Nach Ansicht des (IX. Zivilsenats des) Bundesgerichtshofs kann die Vorschrift des § 138 InsO nicht zur Abgrenzung von einfachen (§ 38 InsO) von nachrangigen Insolvenzforderungen (§ 39 InsO) herangezogen und insbesondere auch nicht im Anwendungsbereich des § 39 Abs. 1 Nr. 5 InsO angewendet werden.[16] Zur Begründung hat er u.a. ausgeführt, dass Anfechtungstatbestände besonders verdächtige Handlungen erfassen, die Gewährung eines Darlehens durch eine nahestehende Person für sich genommen aber unverdächtig ist. Ein Nachrang gem. § 39 Abs. 1 Nr. 5 InsO gründe auch nicht auf einem Informationsvorsprung.

Die Vorschrift des § 39 Abs. 1 Nr. 5 InsO erfasst seinem Wortlaut nach jedoch nicht nur Gesellschafterdarlehen, sondern auch Rechtshandlungen, die einem solchen Darlehen wirtschaftlich entsprechen. Darunter fallen nach Auffassung des (IX. Zivilsenats des) Bundesgerichtshofs auch Darlehen Dritter, die der Darlehensgewährung durch den Gesellschafter wirtschaftlich entsprechen.[17] Die Neuregelung durch das MoMiG sollte insoweit nichts an der früheren Rechtslage ändern. Es reicht daher nach wie vor aus, wenn das Darlehen wirtschaftlich aus dem Vermögen des Gesellschafters aufgebracht werden soll.[18] Ein Ehe- oder Verwandtschaftsverhältnis genügt nach altem wie nach neuem Recht insoweit allerdings nicht. Es begründet für sich genommen noch nicht einmal eine Beweiserleichterung (Anscheinsbeweis) dafür, dass die Mittel von dem Gesellschafter stammen.[19] Nach neuer Gesetzlage kann an das Merkmal der „Krise" der Gesellschaft oder an deren „fehlende Kreditwürdigkeit" zum Zeitpunkt der Darlehensgewährung nicht mehr angeknüpft werden. Für die Annahme eines Erfahrungssatzes, der eine Verschiebung der Darlegungs- und Beweislast erlaubt, ist daher kein Raum.[20]

2. Stimmverbote (BGH NZG 2012, 625; BGHZ 153, 285)

Gesellschafter haben bei bestimmten Beschlussgegenständen in der Gesellschafterversammlung kein Stimmrecht. So besteht nach allgemeinen Grundsätzen für einen Gesellschafter ein Stimmverbot, wenn die Aus-

---

16 BGHZ 188, 363 Rn. 12, 14.
17 BGHZ 188, 363 Rn. 10.
18 BGHZ 188, 363 Rn. 19 m.w.N.
19 BGHZ 188, 363 Rn. 23.
20 BGHZ 188, 363 Rn. 24 f.

übung seines Stimmrechts einem Richten in eigener Sache gleichkäme (vgl. § 712 Abs. 1, § 715, 737 Satz 2 BGB; § 34 BGB; § 47 Abs. 4 Satz 1 Fall 1 und Satz 2 Fall 2 GmbHG; § 43 Abs. 6 GenG; § 136 Abs. 1 Satz 1 AktG). Weitgehend unterliegt ein Gesellschafter auch dann einem Stimmverbot, wenn die Beschlussfassung Rechtsgeschäfte der Gesellschaft mit diesem Gesellschafter betrifft (vgl. § 47 Abs. 4 Satz 2 Fall 1 GmbHG; vgl. auch § 34, § 181 BGB). Der betroffene Gesellschafter darf bei Vorliegen eines Stimmverbots sein Stimmrecht nicht ausüben. Stimmverbote greifen nicht nur dann ein, wenn der in der Gesellschaft abstimmende Gesellschafter unmittelbar persönlich betroffen ist. Nach ihrem Sinn und Zweck können Stimmverbote auch dann bestehen, wenn gesellschaftergleiche Dritte betroffen sind, wie etwa an folgendem Beispiel zum Richten in eigener Sache aufgezeigt werden kann: Die zur Abstimmung in der Gesellschaft „A" berufene Gesellschafterin „B" ist selbst eine Gesellschaft (zB eine GbR oder GmbH); Gegenstand der Beschlussfassung ist die Verfolgung eines Schadensersatzanspruchs der „A"-Gesellschaft gegen den Gesellschafter „C" der „B"-GbR/GmbH. Nach der Rechtsprechung unterliegt die „B"-GbR/GmbH einem Stimmverbot in der Gesellschafterversammlung der „A-Gesellschaft", wenn „C" in der „B"-GbR/GmbH einen maßgeblichen Einfluss ausüben und ihr Abstimmungsverhalten in der „A-Gesellschaft" maßgeblich beeinflussen kann.[21] Das ist eindeutig in dem Fall anzunehmen, dass „C" Alleingesellschafter der „B"-GbR/GmbH ist. Beim Stimmverbot für einen Gesellschafter bei Beschlussfassungen über Rechtsgeschäfte der Gesellschaft mit diesem Gesellschafter gilt Entsprechendes, wenn der Gesellschafter mit dem Vertragspartner der Gesellschaft zwar nicht rechtlich identisch, aber wirtschaftlich so stark verbunden ist, dass man sein persönliches Interesse mit dem des Vertragspartners gleichsetzen kann.[22] Dagegen begründet der Umstand, dass der Vertragspartner der Ehegatte oder ein sonstiger Familienangehöriger des Gesellschafters ist, als solcher noch kein Stimmverbot.[23]

---

21 Vgl. BGH NZG 2012, 625 Rn. 17 m.w.N.
22 BGH NZG 2012, 625 Rn. 32 m.w.N.
23 BGH NZG 2012, 625 Rn. 34; BGHZ 153, 285, 291.

3. Vertretung der Aktiengesellschaft gem. § 112 AktG (BGHZ 196, 312)

Nach § 112 Satz 1 AktG wird die Aktiengesellschaft gegenüber Vorstandsmitgliedern durch den Aufsichtsrat vertreten, also etwa beim Abschluss eines Rechtsgeschäfts zwischen der Aktiengesellschaft und einem Mitglied ihres Vorstands. Mit der Frage, ob und ggf. unter welchen Voraussetzungen diese Vertretungsregelung auf den Fall zu erstrecken ist, dass das betreffende Rechtsgeschäft nicht mit dem Vorstandsmitglied selbst abgeschlossen wird, sondern mit einer Gesellschaft, an der das Vorstandsmitglied lediglich beteiligt ist, hat sich der Bundesgerichtshof in der Entscheidung BGHZ 196, 312 befasst. In dem vom Bundesgerichtshof entschiedenen Fall hatte die Aktiengesellschaft, die W. B. AG, alle Geschäftsanteile an einer Tochter-GmbH an ihre Aktionärin, die W. H. GmbH, zu einem Kaufpreis von 1.257.000 DM übertragen. Nach Eröffnung des Insolvenzverfahrens über das Vermögen der W. B. AG war der Insolvenzverwalter zu der Einschätzung gelangt, der Wert der übertragenen Geschäftsanteile habe weit über dem gezahlten Kaufpreis gelegen; sie seien mehr als 3,7 Mio € wert gewesen. Unter Berufung darauf, dass die vorgenommenen Rechtsgeschäfte deshalb gegen das Verbot der Einlagenrückgewähr nach § 57 AktG verstoßen hätten und die Aktiengesellschaft zudem beim Abschluss der Rechtsgeschäfte nicht ordnungsgemäß vertreten gewesen wäre, klagte er auf die Feststellung, dass Kauf- und Abtretungsvertrag nichtig seien und die W. B. AG weiterhin Gesellschafterin der Tochter-GmbH sei.

Der Bundesgerichtshof konnte offenlassen, ob das behauptete (von der Beklagten aber bestrittene) Missverhältnis zwischen dem gezahlten Kaufpreis und dem Wert der Geschäftsanteile tatsächlich bestand und deshalb eine verbotene Einlagenrückgewähr nach § 57 Abs. 1 AktG anzunehmen war, weil selbst bei Annahme eines solchen Missverhältnisses die begehrte Feststellung der Nichtigkeit von Kauf- und Abtretungsvertrag nicht auszusprechen war. Die Vorschrift des § 57 AktG ist zwar als ein Verbotsgesetz im Sinne von § 134 BGB anzusehen. Nach § 134 BGB ist ein Rechtsgeschäft, das gegen ein gesetzliches Verbot verstößt, jedoch nur dann nichtig, wenn sich nicht aus dem Gesetz ein anderes ergibt. Nach Ansicht des Bundesgerichtshofs ergibt sich im Falle eines Verstoßes gegen § 57 AktG aus dem Gesetz ein anderes, weil sich die Rechtsfolgen eines Verstoßes gegen § 57 AktG allein nach § 62 AktG richten sollen, der Verstoß damit lediglich Rückgewähransprüche nach dieser Vorschrift und nicht die Nichtigkeit der betreffenden Rechtsgeschäfte zur Folge hat.[24]

Der Insolvenzverwalter hatte die Unwirksamkeit der betreffenden Rechtsgeschäfte jedoch zusätzlich darauf gestützt, dass die W. B. AG beim Vertragsschluss nicht ordnungsgemäß vertreten gewesen sei. Vorstandsmitglied der W. B. AG war u.a. Prof. W. Beim Vertragsschluss war die W. B. AG allerdings durch zwei andere Vorstandsmitglieder vertreten worden, während auf Seiten der die Geschäftsanteile an der Tochter-GmbH erwerbenden W. H. GmbH ein Sohn von Prof. W. als einzelvertretungsberechtigter Geschäftsführer gehandelt hatte. Weiter waren zu diesem Zeitpunkt am Stammkapital der Käuferin Prof. W. mit 24,99 %, seine Ehefrau mit 9,07 % und drei Kinder, darunter auch der geschäftsführende Sohn, mit jeweils 17,06 % beteiligt. Der Bundesgerichtshof hat dahinstehen lassen, ob § 112 Satz 1 AktG erweiternd dahin auszulegen ist, dass der Aufsichtsrat die Gesellschaft auch gegenüber Gesellschaften vertritt, in denen ein Vorstandsmitglied maßgeblichen Einfluss hat,[25] oder eine solche Erweiterung nur bei wirtschaftlicher Identität der Gesellschaft mit dem Vorstandsmitglied in Betracht kommt.[26] Die Käuferin war hier schon deshalb nicht mit dem Vorstandsmitglied Prof. W. gleichzusetzen, weil dieser bei ihr keinen maßgeblichen Einfluss gehabt hatte. Er war nur mit 24,99 % beteiligt gewesen; die Anteile der Familienangehörigen waren ihm nicht zuzurechnen, weil keine rechtlich vermittelte Möglichkeit einer maßgeblichen Einflussnahme bestanden hatte; rechtlich bindende Treuhand- oder Stimmbindungsvereinbarungen waren mit den Familienangehörigen nicht getroffen worden. Eine eventuelle „soziale" Beherrschung durch ein Familienoberhaupt reicht nicht aus.[27]

IV. Schenkung einer Beteiligung von Todes wegen (BGHZ 191, 354)

An der Schnittstelle zwischen Gesellschaftsrecht und Erbrecht bewegen sich lediglich zwei Entscheidungen des Bundesgerichtshofs aus jüngerer Zeit, von denen sich die eine mit dem Vollzug der Schenkung einer gesellschaftsrechtlichen Beteiligung von Todes wegen und die andere mit der

---

24 BGHZ 196, 312 Rn. 15.
25 So etwa *Spindler* in Spindler/Stitz, AktG, 2. Aufl., § 112 Rn. 8.
26 So zB MünchKommAktG/*Habersack*, 3. Aufl., § 112 Rn. 9.
27 BGHZ 196, 312 Rn. 10.

registerrechtlichen Behandlung der Testamentsvollstreckung beim Kommanditanteil befasst.

Nach dem der Entscheidung BGHZ 191, 354 zugrundeliegenden Sachverhalt war der Erblasser an verschiedenen Gesellschaften des S.-Verlags als Gesellschafter beteiligt. Zur Regelung seiner Nachfolge hatte er einer von ihm gegründeten Stiftung für den Zeitpunkt seines Todes durch notariellen Vertrag ohne Gegenleistung Unterbeteiligungen an diesen Gesellschaften mit der Maßgabe eingeräumt, dass nach seinem Tod eine andere Stiftung, die er sodann als seine Alleinerbin eingesetzt hatte, Hauptbeteiligte sein solle. Die als Alleinerbin eingesetzte Stiftung und der Sohn des Erblassers stritten nach dessen Tod darüber, ob die Unterbeteiligungen in den Nachlass gefallen und bei der Berechnung des vom Beklagten (Sohn des Erblassers) geltend gemachten Pflichtteilsanspruchs zu berücksichtigen waren. Die maßgebliche Rechtsfrage ging dahin, ob die Schenkungen als Rechtsgeschäfte unter Lebenden (§ 2301 Abs. 2, §§ 516 ff. BGB) bereits mit dem Abschluss des Unterbeteiligungsvertrags vor dem Tode des Erblassers mit der Folge vollzogen waren, dass die Beteiligungen des Erblassers an den betreffenden Gesellschaften mit der Beschränkung durch die (dann bereits entstandenen) Unterbeteiligungen in den Nachlass gefallen, damit dessen Wert und folglich auch der Pflichtteilsanspruch des Sohnes entsprechend geringer zu bemessen waren. Neben dem verringerten Pflichtteilsanspruch konnte dem Sohn dann allerdings ggf. ein Pflichtteilsergänzungsanspruch zustehen. Bei der gegenteiligen rechtlichen Beurteilung der Frage des Vollzugs der Schenkung war der Pflichtteilsanspruch des Sohnes entsprechend höher zu bemessen.

Die Unterbeteiligung an einem Gesellschaftsanteil kann, wie der Bundesgerichtshof in dieser Entscheidung zunächst bestätigt hat, grundsätzlich Gegenstand einer Schenkung sein. Wird die Unterbeteiligung - wie im Streitfall - zu Lebzeiten, jedoch erst auf den Zeitpunkt des Todes des Schenkers zugewendet, so liegt ein Rechtsgeschäft unter Lebenden (und keine Verfügung von Todes wegen) nur dann vor, wenn die Schenkung bereits vollzogen wurde, § 2301 Abs. 2 BGB. Eine Schenkung ist im Sinne von § 2301 Abs. 2 BGB vollzogen, wenn der Schenker aus seiner Sicht alles zum Vollzug Erforderliche getan hat. Dafür genügt es, wenn durch die Schenkungsabrede ein Erwerbs- oder Anwartschaftsrecht begründet wird, das sich beim Todesfall zwangsläufig zum Vollrecht entwickelt.[28] Diese Voraussetzungen hat der Bundesgerichtshof im Streitfall als erfüllt

---

28 BGHZ 191, 354 Rn. 20 m.w.N.

angesehen. Er hat ferner kein Hindernis in der bisherigen Rechtsprechung gesehen, nach der die unentgeltliche Einräumung einer Unterbeteiligung nicht vollzogen werden könne, weil keine dingliche Mitberechtigung des Unterbeteiligten am Gesellschaftsvermögen der Hauptgesellschaft, sondern lediglich schuldrechtliche Verpflichtungen bestünden.[29] Ob diese Rechtsprechung grundsätzlich zu überdenken ist, konnte der Bundesgerichtshof offenlassen, weil im Streitfall der Unterbeteiligten auch mitgliedschaftliche Mitwirkungsrechte an der Geschäftsführung der Innengesellschaft eingeräumt worden waren. Bei einer solchen Gestaltung erhält der Unterbeteiligte nicht nur die Stellung eines schuldrechtlichen Gläubigers, sondern mit der Einräumung von mitgliedschaftlichen Rechten, durch die er Einfluss auf die Innengesellschaft nehmen kann, auch eine in dem Anteil an der Innengesellschaft verkörperte mitgliedschaftliche Rechtsposition. Das rechtfertigt die Annahme, dass jedenfalls in einem solchen Fall die Schenkung bereits mit Abschluss des Gesellschaftsvertrags (Unterbeteiligungsvertrags) vollzogen ist.[30]

V. Testamentsvollstreckung beim Kommanditanteil (BGH NZG 2012, 385)

Mit dem abschließend zu besprechenden Beschluss vom 14. Februar 2012 – II ZB 15/11, NZG 2012, 385 hat der Bundesgerichtshof entschieden, dass auf Antrag des Testamentsvollstreckers ein Testamentsvollstreckervermerk in das Handelsregister einzutragen ist, wenn über den Nachlass eines Kommanditisten Dauertestamentsvollstreckung angeordnet ist.

Ausgangspunkt der Entscheidung ist die rechtliche Regelung, dass beim Tod eines Kommanditisten die Kommanditgesellschaft mit den Erben fortgesetzt wird, wenn nichts anderes vereinbart ist, § 177 HGB. Bei mehreren Erben tritt aber keine Gesamtrechtsnachfolge auf die Erbengemeinschaft ein, sondern die Erben erwerben vielmehr im Umfang ihrer Erbquoten jeweils eigenständige Gesellschaftsanteile.[31] Hat der Erblasser Testamentsvollstreckung angeordnet, erstreckt sie sich auf diese im Wege der

---

29 Vgl. BGHZ 7, 174, 178 f.; 7, 378, 379 f., jeweils für die stille Gesellschaft; BGH WM 1967, 685; offen gelassen in BGHZ 112, 40, 46.
30 BGHZ 191, 354 Rn. 26.
31 BGHZ 22, 186, 191 ff.; 68, 225, 229 ff.; BGH NJW 1983, 2376; BGHZ 98, 48, 50 ff.

Sonderrechtsnachfolge übergegangenen Kommanditanteile, wenn es der Gesellschaftsvertrag der Kommanditgesellschaft vorsieht oder die übrigen Gesellschafter einverstanden sind. Der Testamentsvollstrecker übt dann, wenn seine Befugnisse nicht durch erbrechtliche Verfügungen oder Anordnungen des Erblassers beschränkt worden sind, die Rechte und Pflichten aus dem Kommanditanteil aus.[32] Die Kommanditisten-Erben haften allerdings persönlich (und nicht nur mit dem Nachlass) für Gesellschaftsverbindlichkeiten nach Maßgabe der §§ 128, 171, 172 Abs. 4 HGB. Diese persönliche und nicht auf den Nachlass beschränkte Haftung der Kommanditisten-Erben darf der Testamentsvollstrecker nicht erweitern. Ferner sind die Haftungsverhältnisse dahin ausgestaltet, dass Eigengläubiger der Kommanditisten-Erben nach § 2214 BGB nicht auf das Nachlassvermögen Zugriff nehmen können.[33] Wegen dieser Haftungsverhältnisse besteht ein schutzwürdiges Bedürfnis des Rechtsverkehrs, durch das Handelsregister über die Anordnung einer Dauertestamentsvollstreckung informiert zu werden.[34] Auf Antrag des Testamentsvollstreckers ist daher ein Testamentsvollstreckervermerk in das Handelsregister einzutragen.

---

32 Zur Ausübung von Gesellschafterrechten aus der Testamentsvollstreckung unterliegenden Gesellschaftsanteilen und zur Behandlung von Konfliktlagen zwischen Erben und Testamentsvollstrecker vgl. jetzt BGH ZIP 2014, 1422.
33 BGH NZG 2012, 385 Rn. 18 f. m.w.N.
34 BGH NZG 2012, 385 Rn. 21.

Steuerliche Probleme bei Nachfolgeklauseln

Eckhard Wälzholz[*]

I. Vererbung von GmbH-Anteilen

1. Grundlagen

Die Vererbung von GmbH-Geschäftsanteilen unterscheidet sich wesentlich von der Vererbung von Personengesellschaftsanteilen. Für Personengesellschaftsanteile gilt ein Sonderrecht, nicht aber für GmbH-Geschäftsanteile. § 15 Abs. 1 GmbHG geht von der freien Vererblichkeit von GmbH-Geschäftsanteilen aus. Diese Regelung wird allgemein als zwingend angesehen. Als Konsequenz dessen geht ein Geschäftsanteil im Todesfall des Gesellschafters stets auf dessen Erben über. Dies kann zur Folge haben, dass der Geschäftsanteil nach dem Todesfall einer mehrköpfigen Erbengemeinschaft zusteht oder sonst Personen zufällt, die eigentlich nicht zur Nachfolge vorgesehen waren. Die Konsequenz der Vertragsgestaltungspraxis besteht in Einziehungsregelungen und Zwangsabtretungsregelungen. Wird davon Gebrauch gemacht, steht dem oder den Erben eine Abfindung zu, die jedoch ausgeschlossen oder herabgesetzt werden kann. Damit stellt sich die Frage, welche steuerlichen Konsequenzen in derartigen Fällen eintreten.

2. Einkommensteuer

Das Ausscheiden eines Gesellschafters aus einer Gesellschaft gegen Abfindung gilt als entgeltliches Veräußerungsgeschäft. Dies gilt auch für steuerverstrickte Kapitalgesellschaftsanteile i. S. d. §§ 17, 20 Abs. 2 EStG. Soweit bei der Kapitalgesellschaft der Veräußerungsgewinn auf eine Kapitalgesellschaft entfällt, so greift § 8b KStG ein, so dass grds. nur 5% des Gewinns pauschaliert steuerpflichtig sind nach § 8b Abs. 3 KStG.

---

[*] Dr. Eckhard Wälzholz ist Notar in Füssen.

Soweit im Rahmen der Einziehung oder Zwangsabtretung eigene Anteile der GmbH entstehen, ist insoweit für die weitere Behandlung auf das aktuelle BMF-Schreiben zum Erwerb eigener Anteile einer Kapitalgesellschaft zu verweisen[1].

Soweit der Übergang des Geschäftsanteils ohne jegliche Abfindung erfolgt, so liegt ein unentgeltlicher Rechtsübergang nach § 17 Abs. 1 S. 4 EStG vor. Der Rechtsnachfolger tritt insoweit in die Fußstapfen des Ausgeschiedenen und führt dessen Anschaffungskosten fort. Der Vorgang ist daher für den Erben nicht steuerpflichtig und führt beim übernehmenden Gesellschafter nicht zu neuen Anschaffungskosten. Soweit der GmbH-Anteil sich allerdings in einem Betriebsvermögen befand, wird der Anteil aus dem Betriebsvermögen entnommen und kann dadurch eine Entnahmebesteuerung nach § 6 Abs. 1 Nr. 4 EStG auslösen. Dies ist vor allem in den Fällen einer Betriebsaufspaltung gefährlich.

Ertragsteuerlich problematisch hingegen ist das Ausscheiden eines Gesellschafters gegen Abfindung. Bei Kapitalgesellschaften sind die §§ 17, 20 Abs. 2 EStG einschlägig[2] – teilweise wird die Einziehung gegen Abfindung auch nach § 17 Abs. 4 EStG nach den Grundsätzen entsprechend einer Kapitalherabsetzung behandelt; dies ist überzeugend, soweit die Einziehung tatsächlich mit einer Kapitalherabsetzung einhergeht. Dies würde zu Einkünften nach § 20 Abs. 1 Nr. 2 EStG führen[3].

Im Bereich der Kapitalgesellschaftsanteile[4] können auch teilentgeltliche Vorgänge aufgrund des Aufteilungsgrundsatzes/Trennungsgrundsatzes steuerpflichtig sein.

Beispiel: *A hat einen Geschäftsanteil zu nominal 500.000 Euro, gemeinem Wert von 1.000.000 Euro und scheidet gegen Abfindung in Höhe von 500.000,-- Euro aus der Gesellschaft aus. Nach dem Aufteilungsgrundsatz wäre der einheitliche Vorgang in einen entgeltlichen und einen unentgelt-*

---

1 BMF v. 27.11.2013, IV C 2 - S 2742/07/10009, BStBl. I 2013, 1615 = DStR 2013, 2700 = DB 2013, 2890 = FR 2014, 78.
2 *Gosch* in Kirchhof, EStG, § 17 Rz. 54; *Stuhrmann* in Blümich, EStG, § 17 Rz. 208. Auf Ebene der Kapitalgesellschaft ist die Leistung der Abfindung ergebnis-, also gewinneutral. Nur bei Zahlung einer überhöhten Abfindung liegt eine ergebnisrelevante vGA vor, siehe *Weber-Grellet* in Schmidt, EStG, § 17 Rz. 101.
3 So *Fromm*, GmbHR 2005, 1477, 1481; *Weber-Grellet* in Schmidt, EStG, § 17 Rz. 101 ff.
4 Zur Behandlung des Erwerbs eigener Anteile bei der GmbH siehe *Müller/Maul* in: Beck'sches Handbuch der GmbH, § 13 Rz. 122; wohl M.M. *Weber-Grellet* in Schmidt, EStG, § 17 Rz. 101.

lichen Teil aufzuteilen. Den hälftigen Anschaffungskosten von 250.000 Euro wären dann 500.000 Euro Gegenleistung gegenüberzustellen. Diese Ansicht ist mE. zweifelhaft. Richtigerweise kann dies nicht bei einem entsprechenden Vorgang zwischen fremden Dritten gelten, die einander nichts unentgeltlich zuwenden wollen[5].

Teilweise wird die Einziehung gegen Abfindung auch nach den Grundsätzen einer Kapitalherabsetzung behandelt, § 17 Abs. 4 EStG. In Fällen einer begleitenden Kapitalherabsetzung ist das zutreffend.

3. Erbschaftsteuerliche Folgen des Erwerbs von Todes wegen

Erwirbt ein Erbe einen begünstigungsfähigen GmbH-Anteil iSd. § 13b Abs. 1 Nr. 3 ErbStG, so hat er seinen erbrechtlichen Erwerb nach § 3 Abs. 1 Nr. 1 ErbStG zu versteuern; er kommt in den Genuss der §§ 13a, 13b, 19a ErbStG, sofern die GmbH nicht zu mehr als 50% aus Verwaltungsvermögen besteht, die Lohnsumme eingehalten wird und die Haltefristen des § 13a Abs. 5 ErbStG beachtet werden.

Dabei kommt es nicht darauf an, dass jeder Erbe einen Anteil von mehr als 25% an dem Stammkapital der GmbH erwirbt, sondern nur darauf, dass der Erblasser einen solchen Anteil hatte. Gibt ein Erbe im Rahmen der Erbauseinandersetzung seinen begünstigt erworbenen GmbH-Geschäftsanteil ab, so verliert er rückwirkend die Begünstigungen für Betriebsvermögen; sie gehen auf den übernehmenden Erben über.

4. Schenkungsteuerliche und erbschaftsteuerliche Auswirkungen von Einziehung und Zwangsabtretung

Die maßgeblichen Normen der § 3 Abs. 1 Nr. 2 S. 2, § 7 Abs. 7 ErbStG wurden bereits 1974 vom Gesetzgeber ins ErbStG eingefügt[6], um eine vom Gesetzgeber so wahrgenommene Gesetzeslücke zu schließen. Nach

---

5 Siehe BFH v. 22.7.2008, IX R 15/08, BStBl. II 2008, 927 (zum Zeitpunkt der Verlustrealisierung), der grds. auch von einem Veräußerungsverlust ausgeht.
6 Siehe *Kapp/Ebeling*, ErbStG, § 3 Rz. 239 ff. und § 7 Rz. 191 ff. Anpassungen hat die Norm im Wesentlichen nur noch durch Art. 10 des StEntlG 1999/2000/2002 erfahren. *Milatz/Kämper*, GmbHR 2009, 470, 471 f.

§ 3 Abs. 1 Nr. 2 S. 2 ErbStG gilt als steuerpflichtige Schenkung auf den Todesfall auch der auf dem Ausscheiden des Gesellschafters beruhende Übergang des Anteils eines Gesellschafters einer Personengesellschaft oder Kapitalgesellschaft bei dessen Tod auf die anderen Gesellschafter oder die Gesellschaft, soweit der Wert, der sich für seinen Anteil zur Zeit seines Todes nach § 12 ErbStG ergibt, die Abfindungsansprüche Dritter übersteigt. Das Gleiche gilt für den Fall, dass bei einer Gesellschaft mit beschränkter Haftung der Geschäftsanteil eines Gesellschafters bei dessen Tod eingezogen wird und der sich nach § 12 ErbStG ergebende Wert seines Anteils zur Zeit seines Todes die Abfindungsansprüche Dritter übersteigt.

Die vorstehend genannten Normen des § 3 Abs. 1 Nr. 2 S. 2, 3 ErbStG und des § 7 Abs. 7 ErbStG führen zu einer Besteuerung der Bereicherung der verbleibenden Gesellschafter, die dadurch eintritt, dass ein Gesellschafter ausscheidet – gleichgültig auf welche Art und Weise – und die Abfindung niedriger ist als der Steuerwert des Gesellschaftsanteils des ausscheidenden Gesellschafters[7]. Ein subjektives Tatbestandsmerkmal ist nach herrschender Meinung weder bei § 7 Abs. 7 ErbStG noch bei § 3 Nr. 2 S. 2 ErbStG erforderlich[8].

Beispiel*[9]*:
A und B sind mit Geschäftsanteilen im Betrag von je 50.000 EUR Gesellschafter einer GmbH. Der Gesellschaftsvertrag lässt die Einziehung der Geschäftsanteile zu. Die Gesellschafterversammlung beschließt aus Anlass des Todes des B, dass der Anteil des B ohne Abfindung (oder alternativ: gegen eine Abfindung in Höhe des anteiligen Buchwerts des Betriebsvermögens) eingezogen wird.

Folge der Einziehung des Anteils ist, dass das Gesellschaftsvermögen in den nach der Einziehung verbleibenden Geschäftsanteilen verkörpert ist. Deren Wert erhöht sich deshalb, sofern die Abfindung nicht dem gemei-

---

7 Siehe auch gleich lautende Erlasse der obersten Finanzbehörden der Länder v. 14.3.2012, BStBl. I 2012, 331 Tz. 2.5.
8 BFH v. 1.7.1992, II R 20/90, BStBl. II 1992, 912 zu § 3 Abs. 1 Nr. 1 ErbStG, BFH v. 1.7.1992, II R 12/90, BStBl. II 1992, 925; *Groß*, ErbStB 2009, 154, 155; *Milatz/Kämper*, GmbHR 2009, 470, 472.
9 Nach gleich lautenden Erlassen der obersten Finanzbehörden der Länder v. 14.3.2012, BStBl. I 2012, 331 Tz. 2.5.

nen Wert des auf den eingezogenen Anteil entfallenden Gesellschaftsvermögens entspricht.

Möglicherweise lässt sich die vorstehende Besteuerung vermeiden, indem eine Zwangsabtretung zugunsten eines Nichtgesellschafters erfolgt, denn das würde durch den Wortlaut des Gesetzes nicht erfasst werden[10]. Diese Ansicht ist jedoch nicht zweifelsfrei und nicht gesichert. Denn der Dritte wird mit dem Erwerb des Gesellschaftsanteils zum Mitgesellschafter und könnte damit in den Anwendungsbereich der § 3 Abs. 1 Nr. 2 ErbStG und § 7 Abs. 7 ErbStG fallen. Ferner besteht die Gefahr, dass dann § 7 Abs. 1 Nr. 1 ErbStG erfüllt wird[11]. Klärende Rechtsprechung hierzu ist nicht bekannt.

5. Anwendbarkeit der §§ 13a, 13b, 19a ErbStG

Der wohl wichtigste praktische Aspekt zur Vermeidung übermäßiger Steuerbelastungen im Anwendungsbereich der § 3 Abs. 1 Nr. 2 S. 2, 3 ErbStG, § 7 Abs. 7 ErbStG besteht darin, sicherzustellen, dass für den jeweiligen Erwerb durch die Mitgesellschafter die §§ 13a, 13b, 19a ErbStG zur Anwendung gelangen.

Voraussetzung für die Anwendung des § 19a ErbStG ist ausweislich des eindeutigen Wortlautes, dass es sich bei dem jeweiligen Erwerber um eine natürliche Person handelt[12]. Für Kapitalgesellschaften als Mitgesellschafter einer Personengesellschaft scheidet daher beispielsweise die Anwendung des § 19a ErbStG aus. Dies hindert jedoch nicht die Gewährung der §§ 13a, 13b ErbStG.

Bei Anwendung einer satzungsgemäßen Zwangsabtretungsklausel auf einen GmbH-Geschäftsanteil gelangen die §§ 13a, 13b, 19a ErbStG zur Anwendung, sofern der Abtretende unmittelbar zu mehr als 25 % an der Kapitalgesellschaft beteiligt ist[13] und kein überwiegend schädliches Verwaltungsvermögen vorhanden ist. Dabei ist es mE ausreichend, wenn dieses Erfordernis beim Erblasser erfüllt ist; darauf ob dies auch bei den Er-

---

10 Siehe dazu *Gebel* in: Troll/Gebel/Jülicher, ErbStG, § 7 Rz. 410; *Meincke*, ErbStG, § 7 Rz. 143; *Hübner/Maurer*, ZEV 2009, 428, 40 f.
11 Siehe *Neumayer/Imschweiler*, DStR 2010, 201, 203 a.E.
12 *Tiedtke/Wälzholz* in: Tiedtke, ErbStG, 2009, § 19a Rz. 4; *Milatz/Kämper*, GmbHR 2009, 470, 475 f.; *Neumayer/Imschweiler*, DStR 2010, 201, 205.
13 R E 13b.1 Abs. 2 S. 5 ErbStR 2011; *Neumayer/Imschweiler*, DStR 2010, 201, 205.

ben oder der Erbengemeinschaft der Fall ist, kann es für § 3 Abs. 1 Nr. 2 S. 2, 3 ErbStG hingegen nicht ankommen, da hier der Erwerb von dem Erblasser besteuert wird. Das dauerhafte Aufrechterhalten von Poolvereinbarungen iSd. § 13b Abs. 1 Nr. 3 ErbStG iVm. § 13a Abs. 5 Nr. 5 ErbStG und die Vermeidung von Verstößen gegen die Poolvereinbarung ist insoweit ggfs. essentiell. Problematisch ist hingegen die Einziehung von GmbH-Geschäftsanteilen, da hierbei der Geschäftsanteil nicht auf dritte Personen übergeht, sondern erlischt. Aus diesem Grund lehnt die Finanzverwaltung die Gewährung der §§ 13a, 13b, 19a ErbStG für Einziehungsfälle ab[14]. Der Bundesrat[15] hatte für diese Fälle zwar angeregt, in sämtlichen Fällen des § 3 Abs. 1 Nr. 2 ErbStG und des § 7 Abs. 7 ErbStG die Anwendung der §§ 13a, 13b, 19a ErbStG ausdrücklich anzuordnen. Mit dieser Anregung hat der Bundesrat sich jedoch nicht durchsetzen können. Daher wird man der Auslegung des Gesetzes durch die Finanzverwaltung nur wenig entgegenhalten können[16].

In der Gestaltungspraxis sollten daher GmbH-Satzungen stets anstelle oder neben der Zwangseinziehung auch die Möglichkeit der Zwangsabtretung vorsehen. Hierbei sollte der jeweilige Geschäftsführer ermächtigt werden, alle hierzu erforderlichen Maßnahmen vorzunehmen. Dies ist auch die rechtskonstruktiv einfachere Gestaltung als die Einziehung, die stets mit vielen Tücken und Gefahren verbunden ist.

II. Vererbung von Mitunternehmeranteilen

1. Die steuerlichen Folgen der einzelnen Klauseln zur Vererbung von Personengesellschaftsanteilen

An dieser Stelle sollen ausschließlich die steuerlichen Folgen der Vererbung von Anteilen an Personengesellschaften erläutert werden; die Kenntnis der zivilrechtlichen Vorgaben wird hier vorausgesetzt[17].

---

14 R E 3.4 Abs. 3 S. 9 ErbStR 2011. Ebenso *Schwind/Schmidt*, NWB 2009, 297, 301.
15 BT-Drs. 16/8547, S. 4.
16 Zustimmend daher auch *Riedel*, ZErb 2009, 113, 117; *Groß*, ErbStB 2009, 154, 157; zweifelnd hingegen *Jülicher* in: Troll/Gebel/Jülicher, ErbStG, § 13 b Rz. 188; kritisch *Hübner*, Erbschaftsteuerreform – gesellschaftsrechtliche Abfindungsregeln und ErbStRG, JbFfSt 2008/2009, 719, 721.
17 Siehe hierzu den nachstehenden Beitrag von *Feick* in diesem Tagungsband.

a) Die Fortsetzungsklausel

Ertragsteuerlich bewirkt der Übergang des Gesellschaftsanteils des verstorbenen Gesellschafters im Wege der Anwachsung auf die verbleibenden Gesellschafter eine Veräußerung eines Mitunternehmeranteils. Entscheidend kommt es daher darauf an, in welcher Höhe eine Abfindung zu zahlen ist. Wurde eine Abfindungszahlung vollständig ausgeschlossen, so handelt es sich um einen unentgeltlichen Übergang eines Mitunternehmeranteils gemäß § 6 Abs. 3 EStG. Die Buchwerte sind zwingend von den Mitgesellschaftern fortzuführen[18]. Eine Gewinnrealisierung unterbleibt. Das Gleiche gilt bei einer Abfindung zum Buchwert, da kein Veräußerungsgewinn realisiert wird (sog. Einheitstheorie). Ist die Abfindung dagegen höher als der Buchwert des Gesellschaftsanteils, was insbesondere bei negativem Kapitalkonto der Fall sein kann, so führt dies zu einer Aufdeckung stiller Reserven, die nach § 16 Abs. 1 Nr. 2 EStG i.V.m. § 34 EStG zu versteuern sind[19]. Die Begünstigung des § 34 EStG kann allerdings nur gewährt werden, wenn alle stillen Reserven in dem Mitunternehmeranteil in einem Schlag aufgedeckt und einer Versteuerung zugeführt werden. Die Einkommensteuer für die aufgedeckten stillen Reserven ist der letzte Geschäftsvorfall im Leben eines Erblassers – die Einkommensteuer haben also die Erben des Gesellschafters zu begleichen.

Die begünstigten Mitgesellschafter haben durch die Abfindungszahlung Anschaffungskosten, die regelmäßig durch eine Ergänzungsbilanz bilanziell abzubilden sind. Das Abschreibungsvolumen wird auf diese Art und Weise aufgestockt[20]. Dies gilt aber nur, wenn der Abfindungsbetrag höher als der Buchwert ist.

Erbschaftsteuerlich haben die verbleibenden Gesellschafter den vollen angewachsenen Wert des Gesellschaftsanteils des Verstorbenen zu ver-

---

18   BMF v. 3.3.2005, IV B 2 - S 2241 - 14/05, BStBl. I 2005, 458 = DB 2005, 527 = DStR 2005, 475 = FR 2005, 391 = BB 2005, 1046 (Erlass zur unentgeltlichen Betriebsnachfolge iSd. § 6 Abs. 3 EStG).
19   Siehe BMF v. 14.3.2006, IV B 2 - S 2242 - 7/06, BStBl. I 2006, 253 = DB 2006 Beilage 4 = FR 2006, 438 Tz. 69 (Erlass zur Erbauseinandersetzung); BMF v. 3.3.2005, IV B 2 - S 2241 - 14/05, BStBl. I 2005, 458 = DB 2005, 527 = DStR 2005, 475 = FR 2005, 391 = BB 2005, 1046 (Erlass zur unentgeltlichen Betriebsnachfolge iSd. § 6 Abs. 3 EStG).
20   *T. F. Müller* in: Beck'sches Handbuch der Personengesellschaften, § 8 Rz 55 f.

steuern, sofern jede Abfindung ausgeschlossen war[21], § 3 Abs. 1 Nr. 2 ErbStG. Die Steuerbegünstigung gemäß §§ 13a, 13b, 19a ErbStG ist jedoch anwendbar[22]. Das gilt auch, wenn dadurch die Gesellschaft erlischt und beim verbleibenden Gesellschafter ein Einzelunternehmen entsteht[23]. Ist eine Abfindung zu zahlen, so ist bei den erwerbenden Mitgesellschaftern nur der Teil steuerbar, der unterhalb des Steuerwertes liegt. Die Bedeutung dieser Besteuerung hat durch die Erbschaftsteuerreform 2009 erheblich zugenommen. Ferner haben die Erben, denen ein Abfindungsanspruch zusteht, diesen nach § 3 Abs. 1 Nr. 1 ErbStG zu versteuern. Maßgeblich ist insoweit der Nominalwert des Abfindungsanspruchs. Die Begünstigung der §§ 13a, 13b, 19a ErbStG kommen den Erben nicht zugute[24], s. auch § 10 Abs. 10 ErbStG.

Sofern wesentliches Sonderbetriebsvermögen (SBV) vorhanden ist, ändert sich alles. Da das SBV sich nicht mit dem Gesellschaftsanteil vererbt, sondern regulär in den Nachlass fällt, wird es vom Mitunternehmeranteil getrennt. Selbst wenn keine Abfindung geschuldet ist, kommt § 6 Abs. 3 EStG nicht zur Anwendung. Alle stillen Reserven sind aufzulösen und von den Erben zu versteuern – selbst wenn sie keinerlei Abfindung erhalten. Der Trost: immerhin kommt regelmäßig die Tarifvergünstigung der §§ 16, 34 Abs. 3 EStG zur Anwendung, sofern die persönlichen Voraussetzungen erfüllt sind. Die Mitgesellschafter verlieren durch die Trennung des SBV vom Mitunternehmeranteil die Vergünstigungen der §§ 13a, 13b, 19a ErbStG[25].

b) Die einfache Nachfolgeklausel

Ertragsteuerlich ist maßgeblich, dass bei der einfachen Nachfolgeklausel keine Abfindung zu zahlen ist. Ein Veräußerungsgeschäft wird nie realisiert, stille Reserven damit nicht aufgedeckt. Es handelt sich um eine unentgeltliche Unternehmensnachfolge im Sinne des § 6 Abs. 3 EStG unter

---

21 R E 3.4 Abs. 1 ErbStR 2011; siehe auch *Wälzholz* in Viskorf/Knobel/Schuck/Wälzholz, Erbschaftsteuer- und Schenkungsteuergesetz, Bewertungsgesetz, 4. Aufl., § 3 ErbStG Rz 86.
22 R E 13b.1 Abs. 1 S. 4 nr. 3 ErbStR 2011.
23 *Milatz/Kämper*, GmbHR 2009, 470, 474.
24 R E 13b.1 Abs. 2 S. 4 ErbStR 2011; *Crezelius*, Unternehmenserbrecht, Rz 285.
25 R E 13b.5 Abs. 3 S. 7, 8 ErbStR 2011.

Buchwertfortführung[26]. Die Anteile an der Personengesellschaft können in eine ertragsteuerneutrale Erbauseinandersetzung einbezogen werden, obwohl sie gar nicht Bestandteil der Erbengemeinschaft sind[27].

Erbschaftsteuerlich tritt bei den verbleibenden Mitgesellschaftern keine Bereicherung ein. Die begünstigten Erben haben hingegen gemäß § 3 Abs. 1 Nr. 1 ErbStG einen erbschaftsteuerpflichtigen Erwerb erlangt[28]. Maßgeblich ist der Steuerwert gemäß §§ 11, 95, 199 ff. BewG. Die Vergünstigungen der §§ 13a, 13b, 19a ErbStG sind bei den Erben anzuwenden.

Sonderbetriebsvermögen ist grds. unproblematisch, weil es sich stets mit dem Gesellschaftsanteil vererbt. Allerdings kann dadurch eine mitunternehmerische Betriebsaufspaltung entstehen, wodurch das SBV in eine andere Mitunternehmerschaft (nämlich das Besitzunternehmen) überführt würde. Darin könnte ein Problem für die Anwendung der §§ 13a, 13b, 19a ErbStG gesehen werden[29]. Dies ist mE jedoch abzulehnen.

c) Qualifizierte Nachfolgeklausel

Gelingt die qualifizierte Nachfolgeklausel, erfüllt also mindestens ein Erbe die Voraussetzungen des Gesellschaftsvertrages, so hat der qualifzierte Erwerber des Gesellschaftsanteils grds. ertragsteuerrechtlich nach § 6 Abs. 3 EStG die Buchwerte zwingend fortzuführen. Eine Abfindung von Seiten der Gesellschaft ist nicht geschuldet. Daher kann es auch nicht zu einem Veräußerungsvorgang kommen. Problematisch ist es jedoch, wenn der Nachfolger durch die qualifizierte Nachfolgeklausel mehr erhält, als ihm erbrechtlich zusteht[30].

Beispiel: *M ist an einer OHG mit seinem Partner P beteiligt. Die OHG führt das gemeinschaftliche Unternehmen mit einem gemeinen Wert von 20 Mio. Euro. Im Gesellschaftsvertrag ist vorgesehen, dass im Todesfall eines Gesellschafters nur Abkömmlinge eines Gesellschafters oder eines*

---

26 BMF v. 14.3.2006, IV B 2 - S 2242 - 7/06, BStBl. I 2006, 253 = DB 2006 Beilage 4 = FR 2006, 438 Tz. 71 (Erlass zur Erbauseinandersetzung).
27 So zu Recht BMF v. 14.3.2006, IV B 2 - S 2242 - 7/06, BStBl. I 2006, 253 = DB 2006 Beilage 4 = FR 2006, 438 Tz. 71 (Erlass zur Erbauseinandersetzung).
28 Siehe *Wälzholz* in Viskorf/Knobel/Schuck/Wälzholz, Erbschaftsteuer- und Schenkungsteuergesetz, Bewertungsgesetz, 4. Aufl., § 3 ErbStG Rz 89.
29 Siehe R E 13b.5 Abs. 3 S. 7, 8 ErbStR 2011.
30 Siehe *Crezelius*, Unternehmenserbrecht, 2. Auflage 2009, Rz. 261.

Mitgesellschafters nachfolgeberechtigt sind. Ein nichtnachfolgeberechtigter Erbe scheidet ohne Abfindung aus. M verstirbt ohne Testament und hinterlässt seine Frau und ein Kind. Das Privatvermögen macht 2 Mio. Euro aus, der OHG-Anteil des Erblassers hingegen 10 Mio. Euro. Zivilrechtlich erhält das Kind den Gesellschaftsanteil allein. Es erhält damit aber mehr, als ihm erbrechtlich zusteht. Den Mehrwert von 4 Mio. Euro muss das Kind an seine Mutter auszahlen, der im Übrigen der gesamte Restnachlass zusteht.

Das Kind erbt den Gesellschaftsanteil, kann also insoweit nach § 6 Abs. 3 EStG die Buchwerte fortführen. Stille Reserven werden grds. nicht aufgedeckt. Ein Durchgangserwerb bei den anderen Erben, hier der Mutter, findet nach BFH nicht statt[31].

Ertragsteuerlich ist vor allen Dingen eine eventuelle Ausgleichszahlung des begünstigten Erben gegenüber den anderen, nicht begünstigten Miterben problematisch. Teilweise wird insoweit in der Rechtslehre ein entgeltliches Veräußerungsgeschäft angenommen, soweit die Ausgleichsleistung den Buchwert des Gesellschaftsanteils übersteigt. Der Bundesfinanzhof[32] und ihm folgend die Finanzverwaltung[33] und herrschende Meinung in der Rechtslehre gehen jedoch von einer unentgeltlichen Rechtsnachfolge gemäß § 6 Abs. 3 EStG aus[34]. Dies kann zu einer Vernichtung von tatsächlich geleisteten Anschaffungskosten beim Begünstigten führen, die er bei einer späteren Veräußerung zu versteuern hat[35]. Die Behandlung der Schuldzinsen, die durch die Finanzierung der Wertausgleichsverbindlichkeiten veranlasst sind, wird auf das BMF-Schreiben vom 11.8.1994 (BStBl 1994 I S. 603) gestützt[36]. Danach können entsprechende Schuld-

---

31 BFH vom 29.10.1991 - VIII R 51/84, BStBl. II 1992, 512; dem folgend BMF v. 14.3.2006, IV B 2 - S 2242 - 7/06, BStBl. I 2006, 253 = DB 2006 Beilage 4 = FR 2006, 438 Tz. 72 (Erlass zur Erbauseinandersetzung).
32 BFH vom 27.3.1993, BStBl. I 1994, 625 = BB 1994, 972 = DStR 1994, 747 = DStZ 1994, 629; BFH vom 29.10.1991, BStBl. II 1992, 512, dazu vgl. auch *Spiegelberger*, DStR 1992, 619.
33 BMF v. 14.3.2006, IV B 2 - S 2242 - 7/06, BStBl 2006 I S. 253 = DB 2006 Beilage 4 = FR 2006 S. 438, Tz. 72; BMF vom 11.1.1993, BStBl. I 1993, 62, Tz 83 f.; ebenso BMF v. 3.3.2005 zu § 6 Abs. 3 EStG.
34 *Spiegelberger*, Vermögensnachfolge, 1994 Rz 576.
35 Kritisch *Hübner*, Zerb 2004, 34, 38.
36 BMF v. 14.3.2006, IV B 2 - S 2242 - 7/06, BStBl 2006 I S. 253 = DB 2006 Beilage 4 = FR 2006 S. 438, Tz. 72.

zinsen ertragsteuerrechtlich nicht als Werbungskosten oder Betriebsausgaben geltend gemacht werden.

Erbschaftsteuerlich ist grds. nur der qualifizierte Erbe nach §§ 13a, 13b, 19a ErbStG allein begünstigt[37]. Im vorliegenden Beispielsfall kommen ferner die §§ 13a Abs. 3 ErbStG und § 13b Abs. 3 ErbStG zur Anwendung. Danach hat das Kind K nur 6 Mio Euro zu versteuern. Die Auszahlungsverpflichtung wirkt sich hier nicht aus und kann nicht bereicherungsmindernd geltend gemacht werden, weil das Kind sowieso nur 6 Mio Euro zu versteuern hat. Demgegenüber hat die Mutter 6 Mio Euro ungeschmälert zu versteuern. Im Ergebnis verfallen damit 4 Mio Euro Begünstigungsvolumen aufgrund der überproportionalen Begünstigung mit dem Betriebsvermögen. Dies wäre bei jeder vergleichbaren Erbauseinandersetzung ebenso.

Qualifizierte Nachfolgeklauseln finden lediglich im Bereich der Personengesellschaften Anwendung[38]. Ein entsprechendes, unmittelbar wirkendes Pendant findet sich bei den Kapitalgesellschaften nicht. Die erbschaftsteuerrechtliche Behandlung der qualifizierten Nachfolgeklausel hat durch die Erbschaftsteuerreform 2009 eine völlig neue Qualität bekommen, weil die Erbauseinandersetzung seitdem erbschaftsteuerliche Auswirkungen auf die Allokation von Begünstigungen hat[39]. Dies beruht jedoch auf ganz anderen Erwägungen als dies bei den bisher geschilderten Problemen der Fall war. Verstößt das Kind später gegen die Haltefrist des § 13a Abs. 5 ErbStG so treffen die Folgen des Verstoßes nur noch das Kind. Das war bis 2008 anders. Sofern wesentliches Sonderbetriebsvermögen bei dem Mitunternehmeranteil vorhanden ist, so wird dieses von der Sondererbfolge des Gesellschaftsanteils nicht erfasst, sondern vererbt sich regulär. Es wird damit meist teilweise vom Mitunternehmeranteil getrennt. Die Konsequenzen dessen bestehen in Folgendem: § 6 Abs. 3 EStG wird nach hM nicht gefährdet[40]. Nur der Teil des SBV, der nicht mehr mit dem Mitunternehmeranteil verbunden ist, wird entnommen. Die darin ruhenden

---

37 R E 13b.1 Abs. 2 S. 1 ErbStR 2011.
38 Siehe dazu *Reimann*, ZEV 2002, 487; *Deckert*, NZG 1998, 43; *Gebel*, BB 1995, 173; *Hübner*, Zerb 2004, 34; *Ivo*, ZEV 2004, 499; *Jäger* in: Sudhoff, GmbH & Co. KG, 6. Auflage 2005, § 34; *Daragan/Zacher-Röder*, DStR 1999, 89; *Hörger/Pauli*, GmbHR 1999, 945; *Terpitz*, ZEV 1999, 45; *Zöller*, MittRhNotK 1999, 121; *Koblenzer/Groß*, ErbStB 2003, 367; *Ivo*, FAErb 2005, 29.
39 Zu den früheren steuerrechtlichen Auswirkungen siehe R 5 Abs. 2 ErbStR 2003
40 BMF v. 14.3.2006, IV B 2 - S 2242 - 7/06, BStBl 2006 I S. 253 = DB 2006 Beilage 4 = FR 2006 S. 438, Tz. 72.

stillen Reserven sind vom Erben für den Erblasser zu versteuern. Erbschaftsteuerlich besteht in entsprechenden Fällen die Gefahr, dass §§ 13a, 13b, 19a ErbStG für den Erben vollständig verloren gehen, da wesentliche Wirtschaftsgüter des SBV auf andere Erwerber übergehen[41].

d) Hinauskündigungsklausel

Möglich sind auch Hinauskündigungsklauseln, die eine parallele Gestaltung wie bei der Kapitalgesellschaft gestatten. Dies ist vor allem in Fällen der Betriebsaufspaltung von Bedeutung.

Beispiel: *A und B sind zu je 50% Mitgesellschafter in einer Besitz-GbR und in einer Betriebskapitalgesellschaft. In beiden Gesellschaften ist vereinbart, dass der jeweilige Gesellschaftsanteil vererblich ist, aber nur auf leibliche Abkömmlinge übergehen kann. Der A verstirbt ohne Hinterlassung eines Testaments und wird nach gesetzlicher Erbfolge von seiner Frau und seinem volljährigen Kind je zur Hälfte beerbt.*

Lösung: Der GmbH-Anteil geht auf die Erbengemeinschaft über, der GbR-Anteil hingegen aufgrund der qualifizierten Nachfolgeklausel auf das Kind allein. Die personelle Verflechtung ist damit zerstört. Denn das Kind kann in der Erbengemeinschaft nicht seinen Betätigungswillen durchsetzen, sondern ist in allem auf die Mitwirkung der Frau/Mutter angewiesen. Alle stillen Reserven in der Besitz GbR und in den GmbH-Anteilen sind zu versteuern. §§13a, 13b, 19a ErbStG kommen nicht zur Anwendung.

Dies würde nicht passieren, wenn die Zwangsabtretung der GmbH-Anteile zeitlich parallel mit der Hinauskündigung oder Zwangsabtretung aus der GbR erfolgen würde. In der GbR sollte daher zunächst eine einfache Nachfolgeklausel kombiniert mit einer Hinauskündigungsklausel vereinbart werden. So kann das Recht der GbR an das zwingende Recht der GmbH angepasst werden. Hier ist darauf zu achten, dass die Anwachsung in der Folge der Hinauskündigung des Nichtnachfolgeberechtigten nur dem anderen Erben des Verstorbenen zugutekommt und dieser auch die Abfindung allein zu tragen hat.

---

41 Siehe R E 13b.5 Abs. 3 S. 7, 8 ErbStR 2011.

e) Die gescheiterte qualifizierte Nachfolgeklausel

Die steuerlichen Folgen einer gescheiterten qualifizierten Nachfolgeklausel lassen sich am besten anhand des folgenden Beispiels schildern.

Beispiel: *M ist an einer OHG mit seinem Partner P beteiligt. Die OHG führt das gemeinschaftliche Unternehmen. Im Gesellschaftsvertrag ist vorgesehen, dass im Todesfall eines Gesellschafters nur Abkömmlinge eines Gesellschafters oder eines Mitgesellschafters nachfolgeberechtigt sind. Ein nichtnachfolgeberechtigter Erbe scheidet ohne Abfindung aus. M verfasst ein typisches Berliner Testament, wonach seine Frau Alleinerbin wird und seine Kinder Schlusserben zu unter sich gleichen Teilen.*

Lösung: Beim Todesfall von M tritt der Super-GAU ein. Der Gesellschaftsanteil vererbt sich nicht in die Linie von M, da die gesellschaftsrechtliche Klausel dem entgegensteht. Vielmehr fällt das vollständige Unternehmen der OHG ausschließlich dem Partner P allein zu. Eine Abfindung für den Vermögensübergang auf P erhält die Familie von M nicht, wenn dies im Gesellschaftsvertrag ausgeschlossen ist. Diese Folge hätte sich leicht vermeiden lassen durch Erbeinsetzung der Kinder des M mit Nießbrauchsvorbehalt und / oder Testamentsvollstreckungsregelung. Nachträglich lässt sich dieses Problem noch lösen, wenn der Ehegatte innerhalb der gesetzlichen Fristen ausschlägt und so sicherstellt, dass das Vermögen auf die Kinder als Nachfolgeberechtigte übergeht.

Scheitert die qualifizierte Nachfolgeklausel, weil der Erblasser keinen Qualifizierten zum Erben eingesetzt hat, so gelten die steuerlichen Wirkungen wie bei der Fortsetzungsklausel: Die Bereicherung des Mitgesellschafters P ist erbschaftsteuerpflichtig nach § 3 Abs. 1 Nr. 2 ErbStG. Die Begünstigungen der §§ 13a, 13b, 19a ErbStG können gewährt werden. Die Buchwerte sind von P nach § 6 Abs. 3 EStG fortzuführen. Die Erben des M trifft daher keine Einkommensteuerbelastung für den Übergang des Gesellschaftsanteils auf P. Sie erhalten aber auch keine Abfindung; daher haben die Erben des M keine Erbschaftsteuer für den Gesellschaftsanteil zu zahlen, da sie den Gesellschaftsanteil entschädigungslos verlieren.

Abwandlung: *Im Sonderbetriebsvermögen des M ist eine wesentliche Betriebsgrundlage vorhanden, die in den allgemeinen Nachlass fällt, also der Frau des M allein zufällt.*

Lösung: Die steuerlichen Konsequenzen sind verheerend: § 6 Abs. 3 EStG ist nicht anwendbar, weil eine wesentliche Betriebsgrundlage vollständig vom Gesellschaftsanteil getrennt wird. Alle stillen Reserven in dem Gesellschaftsanteil des Erblassers und in dem Wirtschaftsgut des Sonderbetriebsvermögens sind aufzudecken und von F als Erbin des M zu versteuern nach § 16 Abs. 3 EStG iVm. § 34 Abs. 3 EStG. Obwohl F also keinerlei Abfindung erhält, muss sie gleichwohl alle stillen Reserven versteuern, weil die Aufgabe des Mitunternehmeranteils als letzter Vorgang im Leben des Erblassers gewürdigt wird. Partner P kann die insoweit aufgestockten Buchwerte abschreiben und so steuerlich geltend machen.

Erbschaftsteuerlich ist die Bereicherung bei P zwar steuerpflichtig nach § 3 Abs. 1 Nr. 2 S. 2 ErbStG. Die Begünstigungen nach §§ 13a, 13b, 19a ErbStG können jedoch nicht gewährt werden, weil nicht der gesamte Mitunternehmeranteil bei P angekommen ist, sondern wesentliches Sonderbetriebsvermögen vom Gesellschaftsanteil getrennt wurde[42].

f) Die Eintrittsklausel

Da der verstorbene Gesellschafter im Falle der Eintrittsklausel zunächst aus der Gesellschaft ausscheidet, entsteht grds. zunächst ein Abfindungsanspruch der Erben gegen die Gesellschaft, sofern dieser nicht ausgeschlossen ist. Dieser steht grundsätzlich der Erbengemeinschaft zur gesamten Hand zu. Dies kann die Erfüllung der Eintrittsklausel praktisch vereiteln. Aus diesem Grunde wird im Falle der Vereinbarung einer Eintrittsklausel der Anspruch auf Abfindung für den Todesfall entweder zunächst ausgeschlossen oder vermächtnisweise dem Eintrittsberechtigten zugewandt. Alternativ lässt sich ein Abfindungsanspruch auch durch eine Treuhandvariante vermeiden[43]. Im Gesellschaftsvertrag wird dazu vereinbart, dass die verbleibenden Gesellschafter als Treuhänder den Gesellschaftsanteil des Verstorbenen für die Erben halten, bis der Eintrittsberechtigte sich über die Ausübung des Eintrittsrechts erklärt hat. Ein Abfindungsanspruch entsteht in diesem Fall zunächst nicht[44]. Die Finanzverwal-

---

42 Siehe R E 13b.5 Abs. 3 S. 7, 8 ErbStR 2011.
43 Zu den Varianten der Eintrittsklauseln *Wälzholz* in Viskorf/Knobel/Schuck/Wälzholz, Erbschaftsteuer- und Schenkungsteuergesetz, Bewertungsgesetz, 4. Aufl., § 3 ErbStG Rz 95.
44 *Lorz/Kirchdörfer*, Unternehmensnachfolge, 2011, Seite 114; m.E. nicht frei von Zweifeln.

tung macht die Anerkennung der Ertragsteuerneutralität in dem Erbauseinandersetzungserlass davon abhängig, dass die Ausübung innerhalb von 6 Monaten ab dem Todeseintritt erfolgt[45].

Bei Zahlung einer Abfindung im Fall des Nichteintritts – wie bei der Fortsetzungsklausel[46] – erzielt der Erblasser einen tarifbegünstigten Veräußerungsgewinn (§§ 16, 34 EStG)[47], es sei denn, die Abfindung wäre auch für diesen Fall in vollem Umfang ausgeschlossen oder auf den steuerlichen Buchwert beschränkt.

Wird die Eintrittsklausel von allen Erben ausgeübt, so wirkt sie ertragsteuerlich wie eine einfache Nachfolgeklausel (Buchwertfortführung nach § 6 Abs. 3 EStG). Wird die Eintrittsklausel nur von einzelnen Erben ausgeübt, so wirkt sie steuerlich wie eine qualifizierte Nachfolgeklausel[48].

Geht ein Anteil an einer Personengesellschaft auf einen Erben über, der von einer **Eintrittsklausel** Gebrauch macht, liegt nach hM und Ansicht der Finanzverwaltung ein begünstigter Erwerb von Todes wegen iSd. §§ 13a, 13b, 19a ErbStG vor[49]. Bestimmt eine Eintrittsklausel, dass ein Nichterbe gegen eine Einlage in Höhe des Abfindungsanspruchs des verstorbenen Gesellschafters rückbezüglich auf dessen Tod eintrittsberechtigt ist, und ist ihm dieser Abfindungsanspruch vom Erblasser vermächtnisweise zugewendet worden, führt die Ausübung des Eintrittsrechts beim Nichterben zu einem begünstigten Erwerb von Todes wegen nach § 3 Abs. 1 Nr. 4 ErbStG[50]. §§ 13a, 13b, 19a ErbStG können auch in diesem Fall angewandt werden.

---

45 BMF v. 14.3.2006, IV B 2 - S 2242 - 7/06, BStBl 2006 I S. 253 = DB 2006 Beilage 4 = FR 2006 S. 438, Tz. 70.
46 Siehe auch *Landsittel* in Beck'sches Handbuch der Personengesellschaften, § 8 Rz 93 f.
47 BMF v. 14.3.2006, IV B 2 - S 2242 - 7/06, BStBl 2006 I S. 253 = DB 2006 Beilage 4 = FR 2006 S. 438, Tz. 70.
48 BMF v. 14.3.2006, IV B 2 - S 2242 - 7/06, BStBl 2006 I S. 253 = DB 2006 Beilage 4 = FR 2006 S. 438, Tz. 70. Siehe auch *Wälzholz*, NWB 2014 (Erscheint demnächst).
49 R E 13b.1 Abs. 2 S. 2 ErbStR 2011.
50 So wörtlich R E 13b.1 Abs. 2 S. 3 ErbStR 2011.

g) Vermächtnislösung in Kombination mit einer allgemeinen Nachfolgklausel

Hinsichtlich der zivilrechtlichen und steuerrechtlichen Beurteilung einer Vererbung von Personengesellschaftsanteilen durch Vermächtnis ist zunächst danach zu differenzieren, ob dem Gesellschaftsvertrag eine einfache oder eine qualifizierte Nachfolge- oder Eintrittsklausel zugrunde liegt. Für den Fall der Vereinbarung einer reinen Fortsetzungsklausel kommt eine Weitervererbung per Vermächtnis nicht in Betracht. Bei der allgemeinen Nachfolgeklausel vererbt sich der Gesellschaftsanteil des Verstorbenen im Wege der Sondererbfolge auf seine sämtlichen Erben außerhalb der Erbengemeinschaft im Wege der automatisch wirkenden Teilauseinandersetzung. Nun kann der Erblasser im Wege eines Testamentes seine Erben damit beschweren, die erworbene Gesellschaftsbeteiligung unentgeltlich als Sachvermächtnis an den oder die Vermächtnisnehmer herauszugeben und zu übereignen.

Für die Vertragsgestaltung des Gesellschaftsvertrages folgt daraus, dass der Gesellschaftsvertrag zwei unterschiedliche Regelungen enthalten muss:
- Zunächst die allgemeine Nachfolgeklausel;
- darüber hinaus die Regelung, dass vermächtnisweise über die Gesellschaftsbeteiligung weiterverfügt werden kann und es keiner weiteren Zustimmung durch die Gesellschaft oder die Mitgesellschafter hierfür bedarf. Gleichzeitig sollte gegebenenfalls eine Frist zur Erfüllung des Vermächtnisses angeordnet werden, um dauerhafte Schwebezustände zu vermeiden.

Steuerlich führt die vorstehende Lösung dazu, dass zunächst ertragsteuerlich der Gesellschaftsanteil gem. § 6 Abs. 3 EStG einschließlich des Sonderbetriebsvermögens auf den oder die Erben übergeht. Stille Reserven sind nicht aufzudecken. Die anschließende Vermächtniserfüllung stellt wiederum einen Fall des § 6 Abs. 3 EStG mit Buchwertfortführung dar. Hierbei sollte der Gestalter jedoch darauf achten, möglichst kein Sonderbetriebsvermögen zurückzuhalten; dieses muss also auch bei der Vermächtniserfüllung beim Gesellschaftsanteil verbleiben. Es sind die Grundsätze des BMF-Schreibens[51] vom 03.03.2005 zu beachten, um die Aufde-

---

51 BMF vom 3.3.2005, ZEV 2005, 200 = BStBl. I 2005, 458 = GmbHR 2005, 503 = DB 2005, 52 = DStR 2005, 475 = GmbH-StB 2005, 104. Vgl. dazu *Emm-*

ckung stiller Reserven zu vermeiden. Wird nur der vollständige Gesellschaftsanteil, nicht aber eine wesentliche Betriebsgrundlage des Sonderbetriebsvermögens vermacht, so führt dies zur Aufdeckung stiller Reserven und damit zu einer Ertragsteuerlast hinsichtlich *aller* stillen Reserven des Mitunternehmeranteils, dementsprechend tarifvergünstigt. Diese Steuer haben die Erben zu tragen. Die Vermächtnisnehmer können die aufgestockten Buchwerte dann abschreiben.

Erbschaftsteuerlich geht im ersten Moment der Gesellschaftsanteil auf den oder die Erben über. Bei ihnen ist also der Wert des Gesellschaftsanteils zu berücksichtigen. Gleichzeitig sind sie jedoch befugt, den Wert des Gesellschaftsanteils als Vermächtnislast wiederum vom Wert des Erwerbs abzuziehen, so dass sich der Gesellschaftsanteil bei ihnen als durchlaufender Posten darstellt. Das Vermächtnis wird beim Vermächtnisnehmer mit den üblichen Steuerwerten bewertet, § 12 ErbStG, §§ 11, 199 ff. BewG. Bei Erfüllung des Vermächtnisses gehen der Betriebsvermögensfreibetrag und der Bewertungsabschlag nach §§ 13a, 13b, 19a ErbStG auf den oder die Vermächtnisnehmer über, § 13a Abs. 3 ErbStG[52].

h) Vermächtnisregelung bei qualifizierter Nachfolgeklausel

Vorstehend geschilderter Ausgangsfall einer einfachen Nachfolgeklausel dürfte selten sein. Meist ist es bei mittelständischen Gesellschaften erwünscht, eine Kontrolle über die potentiellen Nachfolger zu haben und zu halten. Weitaus häufiger kommen daher qualifizierte Nachfolgeregelungen vor, bei denen nur ein bestimmter Personenkreis nachfolgeberechtigt sein soll. Dies kann auch durch eine Kombination von qualifizierter Nachfolgeklausel und Vermächtnislösung erreicht werden.

Formulierungsvorschlag[53]
1. ...Qualifizierte Nachfolgeklausel, wonach nur Mitgesellschafter oder Ehegatten*** oder eheliche Abkömmlinge des Verstorbenen oder von

---

rich/Kloster, GmbHR 2005, 448; *Geck*, ZEV 2005, 196; *Kai*, DB 2005, 794; *Neufang*, BB 2005, 1595; *Neumann*, EStB 2005, 140; *Rogall/Stangl*, DStR 2005, 1073; *Schiffers*, GmbH-StB 2005, 139 ff.; *Wendt*, FR 2005, 468; *Winkeljohann/Stegemann*, BB 2005, 1416.
52 R E 13b.1 Abs. 1 S. 4 Nr. 1 ErbStR 2011.
53 Eine entsprechende Gestaltungsidee regt auch *Jeschke* an in: Scherer, Münchner Anwaltshandbuch – Erbrecht, § 14 Rn. 91.

Mitgesellschaftern nachfolgeberechtigt sind und anderenfalls jegliche Abfindung ausgeschlossen ist...

2. Der Gesellschaftsanteil eines verstorbenen Gesellschafters ist jedoch vorrangig dann frei vererblich (einfache Nachfolgeklausel), sofern der Gesellschafter eine wirksame Verfügung von Todes wegen hinterlässt, mit der der Gesellschaftsanteil (samt sämtlichen Konten***) des verstorbenen Gesellschafters vermächtnisweise ausschließlich entweder dem Ehegatten*** oder ehelichen*** Abkömmlingen des Verstorbenen oder Ehegatten oder ehelichen Abkömmlingen von Mitgesellschaftern oder Mitgesellschaftern vermächtnisweise zugewandt wird. Sonderbetriebsvermögen muss nicht vom Vermächtnis mitumfasst sein.[54] Sollte das Vermächtnis nicht bis zum Ablauf von zwölf*** Monaten nach dem Ableben des verstorbenen Gesellschafters erfüllt worden sein, so scheiden der oder die Erben des Verstorbenen entschädigungslos ohne weiteres mit Fristablauf aus der Gesellschaft aus, es sei denn, die verbleibenden Gesellschafter beschließen mit einer Mehrheit von 75% der vorhandenen Stimmen (ohne die Stimmen der Erben), dass der oder die Erben gleichwohl in der Gesellschaft verbleiben können oder dass die Frist zur Erfüllung des Vermächtnisses verlängert wird. Bis zur Erfüllung des Vermächtnisses ruhen sämtliche Rechte aus dem Gesellschaftsverhältnis, wobei das Gewinnbezugsrecht mit der fristgemäßen Vermächtniserfüllung rückwirkend zum Todestag des verstorbenen Gesellschafters wieder auflebt. Ein Wahlrecht entsprechend § 139 Abs. 1 HGB wird dem Vermächtnisnehmer nicht gewährt. Einer Zustimmung zur Vermächtniserfüllung an einen nachfolgeberechtigten Vermächtnisnehmer bedarf es nicht. Diese wird hiermit bereits vorab erteilt.[55]

Die vorstehende Gestaltung ist möglich, jedoch mit einigen Komplikationen verbunden, insbesondere hinsichtlich der Schwebezeit und für den Fall der nicht rechtzeitigen Erfüllung des Vermächtnisses. Aus diesem Grunde wird teilweise von der Verwendung entsprechender Vermächtnis-

---

54 Wenn dies allerdings vermächtnisweise so angeordnet würde, wäre dies steuerlich verheerend; es würde zur Aufdeckung aller stillen Reserven in dem Mitunternehmeranteil führen.

55 Vgl. auch einen alternativen Formulierungsvorschlag, der eine qualifizierte Nachfolgeklausel mit einem rechtsgeschäftlichen Eintrittsrecht zugunsten einer vermächtnisweise begünstigten Person vorsieht, *Ivo*, FAErb 2005, 29, 31.

se abgeraten.[56] Besser ist es daher normalerweise, den Unternehmensnachfolger zum Erben einzusetzen, damit er das Vermögen unmittelbar erwirbt. Im Hinblick auf die Ausgestaltung des Vermächtnisses weist *Jeschke*[57] zu Recht darauf hin, dass bezüglich des Vermächtnisses genau festgelegt werden sollte, ob es sich ausschließlich um den Gesellschaftsanteil oder darüber hinausgehend auch um Sonderbetriebsvermögen sowie sämtliche bei der Gesellschaft geführte Konten handeln soll. Sonderbetriebsvermögen sollte aus ertragsteuerlichen und erbschaftsteuerlichen Gründen stets mit dem Gesellschaftsanteil vermacht werden.[58] Anderenfalls würden sowohl die Buchwertfortführung nach § 6 Abs. 3 EStG als auch die Vergünstigungen für Betriebsvermögen nach §§ 13a, 13b, 19a ErbStG versagt werden. Gleichwohl ist es nicht erforderlich, diesen steuerlichen Vorgaben bereits im Gesellschaftsvertrag zu entsprechen – wichtig ist es vielmehr, diese bei der Testamentserstellung zu beachten.

2. Der Todesfall mit Sonderbetriebsvermögen (SBV)

Aus den oben geschilderten Beispielen und Ausführungen dürfte deutlich geworden sein, dass Sonderbetriebsvermögen stets beim Gesellschaftsanteil verbleiben sollte, da anderenfalls die steuerlichen Vorgaben des § 6 Abs. 3 EStG bzw. §§ 13a, 13b, 19a ErbStG nicht erfüllt werden. Dies kann zu erheblichen Steuerschäden führen.

Dieses Problem des Sonderbetriebsvermögens lässt sich am besten durch Vermietung des Sonderbetriebsvermögens über eine andere Personengesellschaft, insbesondere eine gewerblich geprägte GmbH & Co. KG vermeiden. In diesen Fällen sind die gesellschaftsrechtlichen Nachfolgeklauseln natürlich gleichzuschalten. Es entsteht meist eine mitunternehmerische Betriebsaufspaltung[59]. So lässt sich die Sondererbfolge auch für das Sonderbetriebsvermögen in der GmbH & Co. KG erreichen. Das Betriebsvermögen ist stets steuerverstrickt – selbst wenn beide Mitunternehmerschaften auseinandergerissen würden, blieben die stillen Reserven verstrickt und könnten die Buchwerte fortgeführt werden. Über-

---

56 Vgl. zurückhaltend insoweit *Lübke* in: Beck'sches Mandatshandbuch erbrechtliche Unternehmensnachfolge, 2002, § 8 Rn. 106 f.
57 *Jeschke* in Münchner Anwaltshandbuch – Erbrecht, § 14 Rn. 90.
58 *Gebel*, Betriebsvermögensnachfolge, Rn. 847.
59 BMF v. 28.4.1998, IV B 2 - S 2241 - 42/98, BStBl. I 1998, 583 = DStR 1998, 974 = FR 1998, 669.

lassene Grundstücke im Rahmen einer Betriebsaufspaltung sind ferner erbschaftsteuerlich kein schädliches Verwaltungsvermögen, § 13b Abs. 2 S. 2 Nr. 1 ErbStG, sofern bei dem Übertragungs- oder Erbfall die Betriebsaufspaltung erhalten bleibt und so auf den Erwerber übergeht.

Eine andere Lösung des Problems des Sonderbetriebsvermögens besteht in der Alleinerbeinsetzung des Nachfolgers in den Gesellschaftsanteil und in das Sonderbetriebsvermögen. In allen anderen Lösungsvorschlägen bestehen Risiken. Dies gilt insbesondere bei allen Versuchen, die durch Anordnung von Testamentsvollstreckung und anderen Regelungen den sofortigen Übergang des wirtschaftlichen Eigentums auf den Sonderrechtsnachfolger in den Gesellschaftsanteil anstreben[60].

Zwischenzeitlich war zweifelhaft geworden, welche Rechtsfolgen eintreten, wenn die Gesellschaftsanteile und Sonderbetriebsvermögen sich partiell (!) unterschiedlich vererben. Die sogenannte Synchron-Theorie wurde auf die Spitze getrieben. § 6 Abs. 3 EStG mit der Konsequenz der Buchwertfortführung sollte danach nur eingreifen, wenn stets quotal Sonderbetriebsvermögen und Mitunternehmeranteil im gleichen Umfang übertragen würden. Von diesem Grundsatz hat der Gesetzgeber sich mittlerweile in § 6 Abs. 3 EStG getrennt, indem die Zurückbehaltung von Sonderbetriebsvermögen zulässig ist und dies nicht zu einer Entnahme des Gesellschaftsanteils führt. Die Regelung in § 6 Abs. 3 EStG setzt jedoch voraus, dass die Wirtschaftsgüter weiterhin zum Betriebsvermögen derselben Mitunternehmerschaft gehören. Hieraus könnte hergeleitet werden, dass in dem vorgenannten Fall, in dem das Sonderbetriebsvermögen teilweise nicht mehr der Mitunternehmerschaft dient, auch die stillen Reserven in dem quotalen Anteil des Mitunternehmeranteils aufzulösen seien!

Beispiel: *A ist zu 50 % an einer gewerblich tätigen GmbH & Co. KG beteiligt. Ihm gehört das Betriebsgrundstück allein. Er verpachtet dieses an die GmbH & Co. KG. Nach der Nachfolgeklausel der GmbH & Co. KG sind nur Abkömmlinge nachfolgebefugt. A verstirbt ohne Hinterlassung eines Testaments und wird von seiner Frau und zwei Kindern beerbt, wobei die Kinder automatisch den Gesellschaftsanteil des A je zur Hälfte im Todeszeitpunkt erhalten. Da das betriebliche Grundstück zumindest hin-*

---

60 Vgl. zum ganzen *Spiegelberger*, Unternehmensnachfolge, Rz 578; BMF vom 11.01.1993, BStBl. I 1993, 62 Tz. 84; *Schulze zur Wiesche*, DB 1998, 695 ff.; *Daragan/Zacher-Röder*, Qualifizierte Nachfolge und Sonderbetriebsvermögen, DStR 1999, 89.

sichtlich der der Ehefrau zustehenden Hälfte aus dem betrieblichen Zusammenhang des Mitunternehmeranteils gelöst wird, werden zumindest diese hälftigen stillen Reserven im SBV aufgelöst und sind zu versteuern. Verbreitet[61] wird das BMF-Schreiben so verstanden, dass nur die stillen Reserven in dem anteiligen Sonderbetriebsvermögen entstrickt werden, im Übrigen aber § 6 Abs. 3 EStG anwendbar bleibt. Dies ist zu begrüßen.

<u>Aber</u>: Die §§ 13a, 13b, 19a ErbStG gehen auf diese Weise nach Ansicht der Finanzverwaltung wohl vollständig verloren. R E 13b.5 Abs. 3 ErbStR 2011 lautet auszugsweise wörtlich: „[5]Eine begünstigte Übertragung eines Anteils an einer Personengesellschaft oder am Sonderbetriebsvermögen des Gesellschafters ist nicht davon abhängig, dass die Gesellschaftsanteile und das Sonderbetriebsvermögen im gleichen quotalen Umfang auf den Erwerber übergehen. [6]Vielmehr gilt dies auch dann, wenn der Schenker sein Sonderbetriebsvermögen in geringerem Umfang überträgt oder es insgesamt zurückbehält **und** das zurückbehaltene Sonderbetriebsvermögen weiterhin zum Betriebsvermögen derselben Personengesellschaft gehört, sowie auch dann, wenn der Schenker sein Sonderbetriebsvermögen in größerem Umfang überträgt. [7]Andere Teilübertragungen eines Gewerbebetriebs oder die Übertragung einzelner Wirtschaftsgüter eines Betriebsvermögens sind nicht begünstigt. [8]Dies gilt insbesondere, wenn der Schenker wesentliche Betriebsgrundlagen zurückbehält oder auf andere Erwerber überträgt." *Die wortlautgetreue Anwendung dieser Bestimmungen würde schon zur Versagung der §§ 13a, 13b, 19a ErbStG führen, wenn auch nur ein Teil des SBV vom vererbten Gesellschaftsanteil getrennt würde. Entsprechende Fälle sollten jedoch zum BFH gebracht werden, da eine parallele Auslegung zu § 6 Abs. 3 EStG sich eigentlich aufdrängt. Für die vorsorgende Gestaltung sollte vorrangig natürlich jede Form der Trennung von SBV und Gesellschaftsanteil vermieden werden.*

---

61 *Geck*, ZEV 2005, 196, 200: aus dem Verweis in Tz. 23 auf die bisherigen Tz. 83 ff. des BMF-Schreibens zur Erbauseinandersetzung, BStBl. I 1993, 62 leitet er her, dass nur der nicht auf den qualifizierten Erben übergehende Anteil des Sonderbetriebsvermögens entnommen wird. Wie *Geck* auch *Stangl/Rogall*, DStR 2005, 1073, 1081; ebenso wohl *Kai*, DB 2005, 794, 802 f.

3. Hinauskündigungsklauseln bei Personengesellschaften und Einziehungsregelungen bei der GmbH, § 7 Abs. 7, § 10 Abs. 10 ErbStG

R E 10.13 Gesellschaftsanteil beim Tod eines Gesellschafters mit Weiterübertragungsverpflichtung
(1) ¹Kraft Gesetzes sind die Mitgliedschaftsrechte an Personengesellschaften mit Ausnahme der Kommanditistenstellung nicht vererblich. ²Da es sich dabei um dispositives Recht handelt, können sie jedoch gesellschaftsvertraglich vererblich gestellt werden. ³Der Gesellschaftsvertrag kann vorsehen, dass Erben aus bestimmten darin festgelegten Gründen (z.B. Nichtzugehörigkeit zum gesellschaftsvertraglich umschriebenen Familienzweig oder fehlende Qualifikation) ihren Anteil unverzüglich an Mitgesellschafter zu übertragen haben und die Erben dabei nur den Anspruch realisieren können, der ihnen bei ihrem Ausscheiden (Abfindungsanspruch) zustehen würde. ⁴Überträgt ein Erbe ein auf ihn übergegangenes **Mitgliedschaftsrecht an einer Personengesellschaft** unverzüglich nach dessen Erwerb auf Grund einer im Zeitpunkt des Todes des Erblassers bestehenden Regelung im Gesellschaftsvertrag an die Mitgesellschafter und ist der Wert, der sich für seinen Anteil zur Zeit des Todes des Erblassers nach § 12 ErbStG ergibt, höher als der gesellschaftsvertraglich festgelegte Abfindungsanspruch, so gehört nur der Abfindungsanspruch zum Vermögensanfall (§ 10 Absatz 10 in Verbindung mit Absatz 1 Satz 2 ErbStG). ⁵§§ 13a und 19a ErbStG sind auf den Abfindungsanspruch nicht anzuwenden.

(2) § 10 Absatz 10 ErbStG ist bei mit den in Absatz 1 genannten vergleichbaren Regelungen in **Gesellschaftsverträgen von Gesellschaften mit beschränkter Haftung***, sofern diese nicht schon die Einziehung des vererbten Geschäftsanteils gegen eine unter dem gemeinen Wert liegende Abfindung vorsehen, entsprechend anzuwenden.*

(3) ¹Die in solchen Fällen eintretende **Bereicherung der Mitgesellschafter** *gilt als Schenkung unter Lebenden im Sinne des § 7 Absatz 7 ErbStG. ²Auf die Absicht des ausscheidenden Gesellschafters, die verbleibenden Gesellschafter oder die Gesellschaft zu bereichern (Bereicherungswille), kommt es hierbei nicht an. ³Die Vorschrift betrifft sowohl Beteiligungen an einer Personengesellschaft als auch Anteile an einer Gesellschaft mit beschränkter Haftung. ⁴§§ 13a, 19a ErbStG sind anzuwenden; das gilt nicht, wenn der Geschäftsanteil eines Gesellschafters einer GmbH eingezogen wird, weil die verbleibenden Gesellschafter selbst keine Anteile erwerben (> R E 3.4 Absatz 3 Satz 9).*

In § 10 Abs. 10 ErbStG und korrespondierend in § 7 Abs. 7 S. 3 ErbStG wird seit dem 1.1.2009 der Fall neu geregelt, wenn die Gesellschaftsanteile an Personengesellschaften oder Kapitalgesellschaften zwar als vererbliche Mitgliedschaftsrechte ausgestaltet sind, dem oder den Erben die Gesellschaftsanteile also zunächst anfallen, gleichzeitig im Gesellschaftsvertrag aber die Verpflichtung begründet wurde, dass der oder die Erben die Gesellschaftsanteile an die Mitgesellschafter oder bestimmte Mitgesellschafter abzutreten haben, wenn es sich bei dem oder den Erben nicht um bestimmte Personen handelt[62]. Damit sind also nicht die Fälle der automatisch wirkenden qualifizierten Nachfolgeklausel oder der Fortsetzungsklausel gemeint[63], sondern so genannte Hinauskündigungsklauseln aus Anlass des Todes, bei denen zunächst der Gesellschaftsanteil übergeht und anschließend eine Hinauskündigung stattfindet. § 10 Abs. 10 ErbStG gilt auch nicht für den Fall des vollständigen Ausschlusses der Vererblichkeit[64] (Fortsetzungsklausel), wie dies beispielsweise in § 131 Abs. 3 Nr. 1 HGB von Gesetzes wegen vorgesehen ist, siehe auch R E 10.13 ErbStR 2011. Typischerweise wird dabei den ausscheidenden Gesellschaftern, also den Erben des Erblassers, eine Abfindung zugesprochen, die bis auf Null herabgesetzt sein kann, meistens jedoch unter dem gemeinen Wert des Gesellschaftsanteils liegt. § 10 Abs. 10 ErbStG begründet keinen Steuertatbestand, sondern beinhaltet eine neue Bestimmung, mit der festgelegt wird, welcher am Nachlass Beteiligte was zu versteuern hat. § 10 Abs. 10 ErbStG gilt nur für Erwerbe von Todes wegen[65].

Ziel der Neuregelung ist es, dass auch in solchen Fällen insgesamt der gemeine Wert ein Mal besteuert wird[66]. Bei dem hinausgekündigten Erben des Erblassers soll nicht der Gesellschaftsanteil bewertet, sondern lediglich der Abfindungsanspruch der Besteuerung zugrunde gelegt werden. Bei dem oder den Erwerbern des Gesellschaftsanteiles soll hingegen die Bereicherung in der Form des gemeinen Wertes des Gesellschaftsanteils

---

62 Siehe auch *Gebel* in: Troll/Gebel/Jülicher, ErbStG, § 10 Rz. 274 ff.; *Kapp/Ebeling*, ErbStG, § 10 Rz. 200 ff.
63 Siehe *Wälzholz* in Viskorf/Knobel/Schuck/Wälzholz, Erbschaftsteuer- und Schenkungsteuergesetz, Bewertungsgesetz, 4. Aufl., § 3 ErbStG Rz 86.
64 Bei einer GmbH ist dies rechtlich nicht möglich, da GmbH-Anteile stets zwingend vererblich sind, *Langner/Heydel*, GmbHR 2006, 291 ff.; *Wälzholz* in: Tillmann/Schiffers/Wälzholz, Die GmbH im Gesellschafts- und Steuerrecht, Rz. 425 ff.; *Groß*, ErbStB 2009, 154, 157.
65 *Kapp/Ebeling*, ErbStG, § 10 Rz. 201.
66 Siehe Begründung des Finanzausschuss, BT-Drs. 16/11107, S. 9.

abzüglich des Abfindungsbetrags besteuert werden, § 7 Abs. 7 S. 3 ErbStG n.F.[67] Der in dem Gesellschaftsanteil verkörperte gemeine Wert wird damit auf alle Beteiligten entsprechend verteilt. Die Regelung des § 10 Abs. 10 ErbStG findet nach dem Wortlaut nur dann Anwendung, wenn die Übertragung des Gesellschaftsanteils an einer Personengesellschaft *unverzüglich* nach dem Erwerb erfolgt. Daraus kann aber nicht hergeleitet werden, dass § 10 Abs. 10 ErbStG bereits bei einem erst noch zu fassenden Gesellschafterbeschluss nicht mehr anwendbar sei[68]. Eine Übertragung aus freien Rechtsstücken, also ohne entsprechende gesellschaftsvertragliche Verpflichtung ist von § 10 Abs. 10 ErbStG nicht erfasst, sondern nur die Erfüllung einer entsprechenden gesellschaftsvertraglichen Verpflichtung. Die Zwangsabtretung an Nichtgesellschafter ist vom Wortlaut des § 10 Abs. 10 ErbStG wiederum nicht erfasst und insoweit wohl nicht anwendbar[69].

Sind der Wert des Gesellschaftsanteils und der Wert des Abfindungsbetrags identisch, so findet § 10 Abs. 10 ErbStG keine Anwendung, ebensowenig wenn der Abfindungsbetrag höher ist als der Wert des Gesellschaftsanteils. Gleichwohl ist in diesem Fall m.E. § 10 Abs. 10 ErbStG analog anzuwenden.

Die vorstehenden Regelungen zur Personengesellschaft gelten auch für Fälle der Einziehung[70] und Fälle der Zwangsabtretung bei Kapitalgesellschaften aufgrund eines Todesfalles entsprechend[71]. Dadurch wird m.E. auch klargestellt, dass der oder die Mitgesellschafter und nicht die GmbH im Fall der Einziehung als bereichert anzusehen sind[72]. In allen anderen Fällen außer der Einziehung[73] sind die Erwerber des Gesellschaftsanteils nach §§ 13a, 13b, 19a ErbStG begünstigt, nicht aber die Erwerber des Abfindungsanspruchs, R E 10.13 ErbStR 2011.

In den Fällen des § 10 Abs. 10 ErbStG finden wiederum die Bestimmungen des § 7 Abs. 7 S. 1, 2 ErbStG entsprechende Anwendung. Danach gilt als Schenkung auch der auf dem Ausscheiden eines Gesellschafters beruhende Übergang des Anteils oder Teilanteils eines Gesellschafters ei-

---

67 *Balmes/Felten*, FR 2009, 258.
68 So aber *Riedel*, ZErb 2009, 113, 115.
69 *Riedel*, ZErb 2009, 113, 115.
70 A.A. R E 10.13 Abs. 2 ErbStR 2011 – aber mit gleichem Ergebnis
71 *Götzenberger*, BB 2009, 131, 132; *Kapp/Ebeling*, ErbStG, § 10 Rz. 204.
72 *Kapp/Ebeling*, ErbStG, § 10 Rz. 204.
73 R E 3.4 Abs. 3 S. 9 ErbStR 2011. Ebenso *Schwind/Schmidt*, NWB 2009, 297, 301.

ner Personengesellschaft oder Kapitalgesellschaft auf die anderen Gesellschafter oder die Gesellschaft, soweit der Wert, der sich für seinen Anteil zur Zeit seines Ausscheidens nach § 12 ErbStG ergibt, den Abfindungsanspruch übersteigt. Auf eine Bereicherungsabsicht kommt es insoweit nicht an, da es sich um die Fiktion einer freigebigen Zuwendung handelt.

Die steuerlichen Probleme der § 10 Abs. 10, § 7 Abs. 7, § 3 Abs. 1 Nr. 2 ErbStG lassen sich nach einer verbreitet vertretenen Ansicht ferner vermeiden durch Zwangsabtretung der Gesellschaftsanteile oder Geschäftsanteile an Personen, die bisher noch nicht an der Gesellschaft beteiligt waren. Denn der Gesetzeswortlaut erfasst zunächst nur den Übergang auf Mitgesellschafter oder auf die Gesellschaft selbst. Allerdings spricht einiges dafür, auch den mit der Abtretung zum Gesellschafter werdenden Erwerber gleich zu behandeln.

Nachfolgeregelungen in Gesellschaftsverträgen von Familienunternehmen

Martin Feick[*]

I. Einleitung

In der Praxis stehen Familienunternehmen und ihre Gesellschafter oftmals vor dem Problem, dass mit dem Versterben eines Gesellschafters ein unliebsamer (familienfremder) Dritter in die Gesellschafterstellung des Verstorbenen einrückt oder aber der Gesellschafter (und damit ggf. sein gesamter Familienstamm) mit Eintritt seines Todes aus der Gesellschaft ungewollt ausscheidet. Dies geschieht regelmäßig aufgrund Unkenntnis der gesetzlichen Folgen, die der Tod eines Gesellschafters nach sich zieht, oder aber aufgrund fehlender bzw. nicht hinreichend getroffener Nachfolgeregelungen in dem betreffenden Gesellschaftsvertrag. Sogar dann, wenn hinreichende gesellschaftsvertragliche Nachfolgeregelungen getroffen werden, scheitert die „richtige" Nachfolge, das heißt die Vererbung der Beteiligung an eine Person aus dem im Gesellschaftsvertrag bestimmten nachfolgeberechtigten Kreis, nicht selten daran, dass die gesellschaftsvertraglichen Regelungen nicht mit den letztwilligen Verfügungen des verstorbenen Gesellschafters abgestimmt sind.

Dieser Beitrag soll einen kurzen Überblick über die gesetzliche Ausgangslage bei Tod eines Gesellschafters verschaffen, um daran anschließend die verschiedenen Regelungsmöglichkeiten zugunsten einer sinnvollen Nachfolgeplanung bei familiengeführten Unternehmen aufzuzeigen. Hierbei wird aufgrund der unterschiedlichen gesetzlichen Anforderungen zwischen der Personengesellschaft einerseits (nachfolgend unter II.) und der Kapitalgesellschaft andererseits (nachfolgend unter III.) differenziert.

Aus der Erfahrung heraus, dass trotz vorhandener gesellschaftsvertraglicher Regelungen die Nachfolge nicht selten an einer fehlenden Abstimmung dieser Regelungen mit den letztwilligen Verfügungen eines Gesell-

---

[*] Dr. Martin Feick ist Partner bei der SZA Schilling, Zutt & Anschütz Rechtsanwalts AG, Mannheim.

schafters scheitert, insbesondere in Fällen der Errichtung eines Berliner Testaments, wird unter IV. gesondert auf diese Problematik eingegangen.

Im Rahmen der Nachfolge spielen schließlich auch schenkung- und erbschaftsteuerliche Themen eine entscheidende Rolle. In diesem Zusammenhang wird sich dem Gesellschafter, der eine Anteilsübertragung auf die Nachfolgegeneration beabsichtigt, regelmäßig die Frage stellen, wie sein Anteil für die Schenkungsteuer zu bewerten ist, oder ob von Unternehmensseite ggf. sogar die Voraussetzungen der für Betriebsvermögen gewährten Steuerprivilegierungen nach § 13a, § 13b ErbStG gegeben sein könnten. Den möglichen Informationsansprüchen des Gesellschafters zur Erfüllung schenkung- und erbschaftsteuerlicher Pflichten widmet sich der letzte Teil dieses Beitrags ebenso wie der Frage der Kostentragung für die Berechnung und Ermittlung der relevanten Größen (unter V.).

II. Nachfolgeregelungen bei Personengesellschaften

1. Gesetzliche Ausgangslage

Aus den gesetzlichen Regelungen ergibt sich, dass eine Gesellschaft bürgerlichen Rechts (GbR) beim Tod eines Gesellschafters grundsätzlich aufgelöst wird (§ 727 BGB), während bei einer offenen Handelsgesellschaft (oHG) der Tod eines Gesellschafters zu dessen Ausscheiden und damit zur Fortsetzung der Gesellschaft unter den übrigen Gesellschaftern führt (§ 131 Abs. 3 Nr. 1 HGB). Mit dem Ausscheiden des Gesellschafters durch Tod erlöschen alle ihm bis zu diesem Zeitpunkt zustehenden gesellschaftsrechtlichen Mitgliedschaftsrechte automatisch.[1] Seine Beteiligung wächst den übrigen Gesellschaftern zu (vgl. § 105 Abs. 3 HGB, § 738 Abs. 1 S. 1 BGB).[2] Den Erben des ausgeschiedenen Gesellschafters steht allenfalls ein Abfindungsanspruch zu, der sich gegen die Gesellschaft richtet (vgl. § 105 Abs. 3 HGB, § 738 Abs. 1 S. 2 BGB).[3]

---

1 BGH, Urt. v. 25. Mai 1987, II ZR 195/86, WM 1987, S. 981, 982; *Riedel*, Gesellschaftsvertragliche Nachfolgeregelungen im Lichte der neuen Erbschaftsteuer, ZErb 2009, S. 2, 3.

2 *Riedel*, Gesellschaftsvertragliche Nachfolgeregelungen im Lichte der neuen Erbschaftsteuer, ZErb 2009, S. 2, 3.

3 *Riedel*, Gesellschaftsvertragliche Nachfolgeregelungen im Lichte der neuen Erbschaftsteuer, ZErb 2009, S. 2, 3.

Bei der in der Praxis häufig anzutreffenden GmbH & Co. KG (und der reinen Kommanditgesellschaft) gehen bei Tod eines Kommanditisten hingegen die Kommanditanteile auf die Erben des verstorbenen Gesellschafters über (§ 177 HGB). Die Komplementär-GmbH selbst kann nicht versterben. Die Vererbung der Geschäftsanteile an der Komplementärgesellschaft richtet sich vielmehr nach GmbH-Recht.[4] Ist der Komplementär (persönlich haftender Gesellschafter) eine natürliche Person, gelten die Vorschriften über die oHG entsprechend (§ 161 Abs. 2 HGB).

2. Gesellschaftsvertragliche Regelungsmöglichkeiten

Da die gesetzlichen Regelungen nur in den seltensten Fällen den Vorstellungen der Gesellschafter entsprechen, wird in den meisten Gesellschaftsverträgen eine individuelle Nachfolgeregelung aufgenommen. Bei der GbR ist eine gesellschaftsvertragliche Nachfolgeregelung zu treffen, sofern die zwingende Auflösung der Gesellschaft mit dem Tod eines Gesellschafters verhindert werden soll; diese Regelung kann auch lediglich in der Anordnung bestehen, dass die Gesellschaft im Falle des Todes eines Gesellschafters mit den übrigen Gesellschaftern fortgeführt wird. Die Fortführung der Gesellschaft durch die übrigen Gesellschafter ist bei der oHG und der (GmbH & Co.) KG bereits die gesetzliche Ausgangssituation; in Gesellschaftsverträgen der oHG und der (GmbH & Co.) KG finden sich allerdings häufig Regelungen, wonach die Erben bzw. bestimmte Erben in die Gesellschafterstellung einrücken[5].

a) Mögliche Nachfolgeklauseln

In Betracht kommen grundsätzlich folgende Klauseln:

---

4   Dazu noch nachfolgend unter III.1.
5   *Lehmann-Richter*, in: Häublein/Hoffmann-Theinert (Hrsg.), BeckOK HGB, Stand: 1.2.2014, § 131, Rn. 35.

aa) Fortsetzung nur mit den übrigen Gesellschaftern (sog. Fortsetzungsklausel)

Die Klausel, dass die Gesellschaft mit den übrigen Gesellschaftern fortgesetzt wird (sog. Fortsetzungsklausel), ist in der Praxis nicht selten in GbR-Gesellschaftsverträgen anzutreffen. In dem Gesellschaftsvertrag einer oHG kommt ihr hingegen lediglich deklaratorische Bedeutung zu, da sie, wie erwähnt, schlicht die Gesetzeslage widerspiegelt (vgl. § 131 Abs. 3 Nr. 1 HGB). Sie ist bei Familienunternehmen allerdings meist unerwünscht, da der Bestand der Gesellschafter immer kleiner wird und Familienangehörige nicht in die Gesellschafterstellung nachrücken können.

bb) Mit den Erben des Verstorbenen (sog. einfache Nachfolgeklausel)

Bei einer einfachen Nachfolgeklausel wird der Gesellschaftsanteil entgegen der gesetzlichen Regelungen (§ 727 Abs. 1 BGB, § 131 Abs. 3 Nr. 1 HGB) vererblich gestellt. Folge ist, dass die Gesellschaft über den Tod eines Gesellschafters hinaus fortbesteht und der GbR- oder oHG-Gesellschafter nicht aus der Gesellschaft ausscheidet. Nach ganz herrschender Ansicht werden die Erben mit dem Erbfall nach Maßgabe ihrer jeweiligen Erbquote unmittelbar Gesellschafter[6]. Dies gilt selbst dann, wenn der Gesellschaftsanteil aufgrund eines Vermächtnisses oder einer Teilungsanordnung herauszugeben ist[7]. Diese Gestaltung ist allerdings gerade bei kleinen, auf persönlicher Mitarbeit der Gesellschafter aufbauenden Familiengesellschaften vielfach unerwünscht, weil die Gesellschafter keinen Einfluss auf die Person des Nachfolgers ausüben können. Es besteht kein Schutz vor dem Eintritt familienfremder Personen.

cc) Fortsetzung nur mit Erben, die bestimmte Voraussetzungen erfüllen (sog. qualifizierte Nachfolgeklausel)

Bei einer qualifizierten Nachfolgeklausel wird der Gesellschaftsanteil ebenfalls vererblich gestellt, zusätzlich aber eine Sondererbfolge angeordnet, nach der der Anteil unmittelbar mit dem Tod des Erblassers auf einen

---

6 BGH, Urt. v. 24.11.1980, LM BGB, § 730 Nr. 8, Blatt 2R.
7 Vgl. *Sudhoff*, Unternehmensnachfolge, 5. Aufl. 2005, § 54 Rn. 105 m.w.N.

oder mehrere Miterben unter Ausschluss der übrigen Miterben übergeht[8]. Die Klausel gewährt eine deutlich verbesserte Möglichkeit der Steuerung der Gesellschafternachfolge und verhindert insbesondere bei umfangreichen Erbengemeinschaften den Eintritt zahlreicher neuer Gesellschafter. Allerdings ist darauf zu achten, dass die im Gesellschaftsvertrag vorgesehenen Nachfolger auch (Mit-)Erben werden, da andernfalls die Klausel leer läuft. Die Höhe der Erbquote spielt demgegenüber jedoch keine Rolle, da hier die gesellschaftsrechtliche Regelung Vorrang hat. Gerade bei Familiengesellschaften existieren oftmals gesellschaftsvertragliche Nachfolgeklauseln, nach denen lediglich Abkömmlinge in die Gesellschafterstellung eintreten können. Hier ist unbedingt darauf zu achten, dass nicht etwa die Ehefrau (beispielsweise im Rahmen eines sogenannten Berliner Testaments) als Alleinerbin eingesetzt wird (Stichwort: „gescheiterte Nachfolgeklausel")[9].

dd) Mit einer bestimmten im Gesellschaftsvertrag festgelegten Person
(sog. rechtsgeschäftliche Nachfolgeklausel)

Die rechtsgeschäftliche Nachfolgeklausel führt dazu, dass eine im Gesellschaftsvertrag konkret zum Rechtsnachfolger bestimmte Person automatisch mit dem Versterben „außerhalb des Erbrechts" in die Gesellschaft eintritt. Diese Regelung bewirkt allerdings, dass die Gestaltungsfreiheit des Gesellschafters über seine Beteiligung von Todes wegen zu verfügen, ausgeschlossen ist. Zudem nimmt sie Flexibilität, da für eine Änderung der Person des Rechtsnachfolgers stets eine gesellschaftsvertragliche Änderung erforderlich ist, die nach dem Gesetz Einstimmigkeit bedarf, sofern der Gesellschaftsvertrag keine hiervon abweichende Regelung enthält.

ee) Mit einer vom Gesellschafter bestimmten eintrittsberechtigten Person
(sog. rechtsgeschäftliche Eintrittsklausel)

Mit einer rechtsgeschäftlichen Eintrittsklausel erwirbt der vom Gesellschafter Bestimmte das Recht, mit dem Tod des Gesellschafters in die Ge-

---

[8] BGH, Urt. v. 10.2.1977, II ZR 120/75, NJW 1977, S. 1339 ff.; BGH, Urt. v. 22.11.1956, II ZR 222/55, NJW 1957, S. 180 ff.
[9] Dazu noch sogleich unter IV.

sellschaft einzutreten. Im Unterschied zur rechtsgeschäftlichen Nachfolgeklausel wird der vom Gesellschafter Bestimmte folglich nicht automatisch Gesellschafter; es bedarf vielmehr noch eines gesonderten Beitrittsaktes. Die Gesellschaft wird zunächst unter den übrigen Gesellschaftern fortgesetzt und der Abfindungsanspruch, der gemäß § 738 BGB, § 105 Abs. 3 HGB aufgrund des Ausscheidens des Gesellschafters entsteht (sofern gesellschaftsvertraglich nicht etwas anderes vereinbart ist), fällt in den Nachlass.[10] Entscheidet sich der Eintrittsberechtigte nach Versterben des Gesellschafters in die Gesellschaft einzutreten, erfolgt der Erwerb jedoch ebenfalls – wie bei der rechtsgeschäftlichen Nachfolgeklausel – „am Erbrecht vorbei" durch Rechtsgeschäft unter Lebenden. Bei dieser Gestaltung ist allerdings zwingend zu bedenken, dass der Eintretende eine Einlage leisten muss, wenn ihm der verstorbene Gesellschafter kein unentgeltliches Eintrittsrecht eingeräumt oder nicht seinen Abfindungsanspruch zugewendet hat. So kann der Erblasser-Gesellschafter dem Eintrittsberechtigten per letztwilliger Verfügung einen Vermächtnisanspruch gegen die Erben mit dem Inhalt zuwenden, dass der Abfindungsanspruch gemäß § 738 BGB, § 105 Abs. 3 HGB zur Tilgung der Einlageschuld an die Gesellschaft zu leisten ist.[11]

b) Häufig zu empfehlende Nachfolgeregelungen für den Gesellschaftsvertrag eines Familienunternehmens

Jedes Familienunternehmen ist anders aufgestellt und für sich „besonders", daher können keine allgemeingültigen Aussagen dahingehend getroffen werden, welche gesellschaftsvertragliche Nachfolgeregelung anzuraten ist. Allerdings wird in der Praxis häufig – insbesondere für kleine, auf persönliche Mitarbeit ausgelegte Familienunternehmen – die qualifizierte erbrechtliche Nachfolgeklausel (sogleich unter aa)) oder die rechtsgeschäftliche Eintrittsklausel (sogleich unter bb)) empfohlen.

---

10 *Klöhn*, in: Henssler/Strohn, Gesellschaftsrecht, 2. Aufl., 2014, § 139 HGB, Rn. 88.
11 *Klöhn*, in: Henssler/Strohn, Gesellschaftsrecht, 2. Aufl., 2014, § 139 HGB, Rn. 89.

aa) Qualifizierte erbrechtliche Nachfolgeklausel

Mit der qualifizierten erbrechtlichen Nachfolgeklausel können die Gesellschafter den Kreis der nachfolgeberechtigten Personen eingrenzen, ohne sich zugleich die persönliche Entscheidungsmöglichkeit zu nehmen, welche Person oder Personen sie letztlich aus diesem Kreis der Nachfolgeberechtigten als eigenen Nachfolger auswählen. Als nachfolgeberechtigte Personen werden häufig die Erben des Gesellschafters vorgesehen, „*soweit es sich um Abkömmlinge des verstorbenen Gesellschafters oder um Mitgesellschafter handelt.*" Mögliche weitere Kriterien zur Qualifizierung der Erben sind z.B. die Zulassung von Ehegatten und entfernteren Verwandten, die Beschränkung auf maximal eine Person als Nachfolger (z.B. ältester Abkömmling), die Bestimmung eines Mindestalters oder einer erforderlichen Berufsausbildung des Erben. Die Auswahl des konkreten Nachfolgers aus dem im Gesellschaftsvertrag näher bestimmten Kreis kann (und muss) der Gesellschafter individuell durch Testament oder Erbvertrag treffen.

Hinzuweisen ist in diesem Zusammenhang allerdings darauf, dass nicht-nachfolgeberechtigte Erben Ausgleichsansprüche haben können, die sich gegen den Nachfolger richten. Dies ist insbesondere dann der Fall, wenn die Gesellschaftsbeteiligung den werthaltigsten oder einzig nennenswerten Vermögensgegenstand im Nachlass des Gesellschafters darstellt. Bei Bestehen von Ausgleichsansprüchen Dritter könnte der Nachfolger ggf. gezwungen werden, seine Beteiligung zu veräußern, um für die Erfüllung der Ansprüche ausreichend Liquidität zu erhalten. Allerdings sind bei Familienunternehmen Verfügungen zu Lebzeiten eines Gesellschafters ebenfalls regelmäßig nur auf einen im Gesellschaftsvertrag konkret benannten Kreis von nachfolgeberechtigten Personen zulässig. Findet sich keine übernahmebereite, nachfolgeberechtigte Person, so kann – wenn der Nachfolger keine ausreichende Liquidität aufweist – im Rahmen der Zwangsvollstreckung auf das Unternehmensvermögen zugegriffen werden[12]. Scheidet der Nachfolger nach dem Gesellschaftsvertrag im Falle der Zwangsvollstreckung aus der Gesellschaft aus, werden regelmäßig Abfindungsansprüche des ausscheidenden Nachfolgers ausgelöst. Dies kann in beiden Fällen (Zwangsvollstreckung oder Abfindung) schwerwiegende Folgen für das Unternehmen nach sich ziehen. In gewissen Fällen kann dieser Belastung aber gestalterisch entgegengewirkt werden, bei-

---

12 *Scherer*, in: Sudhoff, Unternehmensnachfolge, 5. Aufl., 2005, § 1, Rn. 22.

spielsweise dann, wenn Abkömmlinge nachfolgeberechtigt sind: Hier kann der Erblasser zunächst mit all denjenigen Personen, denen grundsätzlich ein gesetzliches Erbrecht am Nachlass des Erblassers zustünde, Pflichtteilsverzichtsvereinbarungen treffen. In einer letztwilligen Verfügung kann der Erblasser dann denjenigen zum (Allein-) Erben bestimmen, der seine Nachfolge in die Beteiligung antreten soll. Die übrigen Abkömmlinge (und der Ehegatte) werden mit Vermächtnissen bedacht.

Für den Fall, dass das Testament oder der Erbvertrag nicht auf die qualifizierte Nachfolgeregelung abgestimmt wird, kann die qualifizierte Nachfolgeregelung fehlschlagen mit der Folge, dass der Gesellschafter mangels eines nachfolgeberechtigten Erben mit dem Tod aus der Gesellschaft ausscheidet. Denn die Nachfolge im Wege der qualifizierten Nachfolgeklausel vollzieht sich erbrechtlich. Aus diesem Grund muss der im Gesellschaftsvertrag vorgesehene Nachfolger zumindest zu einem Bruchteil Erbe werden; andernfalls geht die Klausel ins Leere. In diesem Falle drohen neben dem Scheitern der gewünschten Nachfolge erhebliche erbschaftsteuerliche und auch ertragsteuerliche Risiken und Nachteile.[13] Eventuell ist aber die Umdeutung in eine rechtsgeschäftliche Eintrittsklausel möglich. Zur Regelung dieser Fälle bietet sich eine vorsorgliche Reparaturklausel im Gesellschaftsvertrag an, die vorsieht, dass für den Fall, dass keine nachfolgeberechtigte Person Erbe wird, die übrigen Gesellschafter (oder andere Personen) einen Nachfolger bestimmen. Der Nachfolger hat dann das Recht, nicht aber die Pflicht, in die Gesellschaft einzutreten. Die Erben erhalten bei Ausübung des Eintrittsrechts des Dritten keine Abfindung, wenn für diesen Fall der Abfindungsanspruch gesellschaftsvertraglich ausgeschlossen oder aber dem Eintrittsberechtigten der Abfindungsanspruch per letztwilliger Verfügung zugewendet ist[14].

bb) Rechtsgeschäftliche Eintrittsklausel

Mit einer rechtsgeschäftlichen Eintrittsklausel können die Gesellschafter den Kreis der eintrittsberechtigten Personen einschränken. Wie bei der qualifizierten erbrechtlichen Nachfolgeklausel begeben sich die Gesell-

---

13 Vgl. hierzu unter IV sowie den vorstehenden Beitrag von *Wälzholz* in diesem Tagungsband.
14 Vgl. *Klöhn*, in: Henssler/Strohn, Gesellschaftsrecht, 2. Aufl., 2014, § 139 HGB, Rn. 89.

schafter dabei nicht der Möglichkeit, aus diesem Kreis der nachfolgeberechtigten Personen konkret ihren Nachfolger zu bestimmen; die Bestimmung erfolgt dabei durch Testament oder Erbvertrag. Die übrigen Gesellschafter haben zusätzlich ein subsidiäres Bestimmungsrecht. Da die Beteiligung am Nachlass vorbei erworben wird, können keine erbrechtlichen Ausgleichsansprüche oder ordentliche Pflichtteilsansprüche entstehen, wohl aber Pflichtteilsergänzungsansprüche. Im Unterschied zur Nachfolge kraft Erbfolge ist bei dieser Gestaltungsvariante allerdings bis zur Ausübung des Eintrittsrechts nicht sicher, ob der Berechtigte von seinem Recht Gebrauch macht (Schwebezustand).

III. Nachfolgeregelungen bei Kapitalgesellschaften

1. Gesetzliche Ausgangslage

Bei der Gesellschaft mit beschränkter Haftung (GmbH) ist der Geschäftsanteil eines Gesellschafters zwingend vererblich (§ 15 Abs. 1 GmbH). Mehreren Miterben steht der Geschäftsanteil ungeteilt in Miterbengemeinschaft zu (§ 18 Abs. 1 GmbHG). Auch bei der Aktiengesellschaft (AG) sind die Aktien zwingend vererblich. Soll die GmbH oder die AG folglich vor Überfremdung geschützt werden, bedarf es auch hier entsprechender Regelungen im Gesellschaftsvertrag bzw. der Satzung (dazu nachfolgend unter 2.).

Die nach dem Gesetz zulässige „Vinkulierung" von Geschäftsanteilen und Namensaktien bietet allerdings im Falle des Todes eines Gesellschafters keinen Schutz vor dem Eintritt fremder Personen in die Gesellschaft, da sie nur für rechtsgeschäftliche Übertragungen gilt (vgl. § 15 Abs. 5 GmbHG, § 68 Abs. 2 AktG).[15]

2. Gesellschaftsvertragliche Regelungsmöglichkeiten

Zur Vermeidung der Fortsetzung der Gesellschaft mit Familienfremden ist es aufgrund der zwingenden Vererblichkeit der Anteile regelmäßig anzuraten, entsprechende Regelungen in den Gesellschaftsvertrag aufzunehmen. Anders als bei den Personengesellschaften kann der Gesellschafts-

---

15 *Froning*, in: Sudhoff, Unternehmensnachfolge, 5. Aufl., 2005, § 48, Rn. 32.

vertrag jedoch keinen Ausschluss für bestimmte Personen von der Erbfolge vorsehen.[16] Ebenso wenig kann gesellschaftsvertraglich eine automatische Einziehung der Beteiligung für den Fall des Todes des Gesellschafters geregelt werden.[17] Möglich sind aber Bestimmungen, die festlegen, was mit dem Geschäftsanteil oder der Aktie geschieht, wenn diese in den Nachlass gefallen sind.[18]

a) Mögliche Klauseln

Es kommen regelmäßig folgende Klauseln in Betracht:

aa) Einziehungsklausel

Eine der häufigsten Regelungen zum Schutze der Gesellschaft vor Überfremdung ist die Einziehung der Geschäftsanteile (bzw. Aktien).[19] Wird ein Familienfremder Erbe, können die Gesellschafter auf Grundlage einer gesellschaftsvertraglichen Einziehungsklausel beschließen, den Geschäftsanteil (bzw. die Aktie) des Verstorbenen gegen den Willen der Erben einzuziehen (§ 34 GmbHG; § 237 Abs. 1 AktG).

bb) Abtretungsklausel

Ebenfalls sehr gebräuchlich ist – jedenfalls bei der GmbH – die Aufnahme einer Abtretungsklausel. Wird ein Familienfremder Erbe, können die Gesellschafter gegen den Willen der Erben beschließen, dass der Geschäftsanteil des Verstorbenen an einen (oder mehrere) andere(n) Gesellschafter oder Dritte(n) abgetreten wird. Die Gesellschaft kann gesellschaftsvertraglich sogar ermächtigt werden, die Abtretung selbst vorzunehmen. Sind keine zur Übernahme zugelassenen Personen bereit, die Geschäftsanteile

---

16 *Wilhelmi*, in: Ziemons/Jaeger (Hrsg.), BeckOK GmbHG, Stand: 1.3.2014, § 15, Rn. 55 m.w.N.
17 *Wilhelmi*, in: Ziemons/Jaeger (Hrsg.), BeckOK GmbHG, Stand: 1.3.2014, § 15, Rn. 55 m.w.N.
18 *Wilhelmi*, in: Ziemons/Jaeger (Hrsg.), BeckOK GmbHG, Stand: 1.3.2014, § 15, Rn. 55 m.w.N.
19 *Froning*, in: Sudhoff, Unternehmensnachfolge, 5. Aufl., 2005, § 48, Rn. 10.

zu übernehmen, kann die Gesellschaft darüber hinaus ermächtigt werden, die Geschäftsanteile einzuziehen (Kombination Abtretungs- und Einziehungsklausel).

Bei der AG ist die Zwangsabtretung dagegen unzulässig (Verbot der Begründung von Nebenpflichten, § 54 AktG); eine Abtretungsklausel kann folglich nicht wirksam vereinbart werden.[20]

cc) Kombination von Abtretungs- und Einziehungsklausel

Wie soeben erwähnt, kann bei der GmbH auch eine Kombination von Abtretungs- und Einziehungsklausel vorgesehen werden. Diese Klausel kann auch derart ausgestaltet werden, dass für den Fall, dass die Erben den Geschäftsanteil nicht selbst binnen einer bestimmten Frist auf die im Gesellschafterbeschluss bestimmte(n) Person(en) abtreten, der Geschäftsanteil von der Gesellschaft ohne Zustimmung der Erben eingezogen werden kann[21].

b) Regelungserfordernisse bei Einziehungs- bzw. Abtretungsklauseln

Sofern ein entsprechender Überfremdungsschutz durch eine Einziehungs- bzw. Abtretungsklausel (oder deren Kombination) gewährleistet werden soll, sind im Gesellschaftsvertrag insbesondere zu regeln: (i) das Mehrheitserfordernis für den Einziehungs- bzw. Abtretungsbeschluss, (ii) der Ausschluss des Stimmrechts der betroffenen Erben, (iii) ggf. die Ermächtigung der Gesellschaft, die Abtretung selbst vorzunehmen, (iv) die Höhe oder – soweit zulässig – den Ausschluss einer Abfindungszahlung für die betroffenen Erben.

Bei der AG ist ggf. an den Abschluss eines Konsortialvertrages zu denken, in dem sich die Aktionäre außerhalb der Satzung einer gewissen Pflichtenbindung im Hinblick auf die (letztwillige) Übertragung der Aktien unterwerfen. Darüber hinaus kann auch die Einbringung von Aktien in eine GbR angedacht werden, um auf (gesellschaftsvertraglicher) Ebene

---

20 *Froning*, in: Sudhoff, Unternehmensnachfolge, 5. Aufl., 2005, § 48, Rn. 33.
21 *Froning*, in: Sudhoff, Unternehmensnachfolge, 5. Aufl., 2005, § 48, Rn. 20.

der GbR die erbfallbedingten Rechtsfolgen beispielsweise durch Aufnahme einer qualifizierten Nachfolgeklausel zu regeln.[22]

IV. Abstimmung von Gesellschaftsvertrag und letztwilliger Verfügung (Testament/Erbvertrag)

Der Gesellschafter kann frei über seinen Gesellschaftsanteil testieren; ein Vertrag, durch den er verpflichtet wird, eine Verfügung von Todes wegen zu errichten, aufzuheben oder nicht aufzuheben, ist nichtig (§ 2302 BGB). Folglich kann auch in den Gesellschaftsvertrag keine Verpflichtung für die Gesellschafter aufgenommen werden, eine letztwillige Verfügung in Abstimmung mit den gesellschaftsvertraglichen Nachfolgeregelungen zu treffen. Der Gesellschafter muss sich vielmehr selbst darüber im Klaren sein, welche Auswirkungen sowohl die Nichterrichtung als auch die Errichtung einer letztwilligen Verfügung auf den Gesellschaftsvertrag[23] und damit auf das Schicksal des Gesellschaftsanteils nach seinem Tod hat. Regelt der Gesellschaftsvertrag beispielsweise, dass nur Erben des Gesellschafters in dessen Stellung einrücken, soweit sie Abkömmlinge sind, hat der Gesellschafter darauf zu achten, dass nicht seine Ehefrau, wie im Berliner Testament regelmäßig vorgesehen, als Alleinerbin eingesetzt wird. In dem Fall missglückt die eigentlich gewünschte Nachfolge wegen Unvereinbarkeit von Gesellschaftsvertrag und Testament, und zwar selbst dann, wenn der Gesellschafter seinen Kindern den Gesellschaftsanteil ausdrücklich per Vermächtnis zugewiesen hat. Denn weder die Ehefrau noch die Kinder können Gesellschafter werden. Die Ehefrau ist zwar Erbin, aber nach dem Gesellschaftsvertrag nicht nachfolgeberechtigt. Die Kinder sind nachfolgeberechtigt, aber nicht Erben (sondern lediglich Vermächtnisnehmer) geworden. Folge ist, dass der Gesellschafter mit dem Tod aus der Gesellschaft ausscheidet und nur sein Abfindungsanspruch in den Nachlass fällt.

Eine gescheiterte Nachfolge kann darüber hinaus auch erhebliche, unerwünschte steuerliche Konsequenzen nach sich ziehen. Zum einen erbschaftsteuerlich, da der Abfindungsanspruch wohl unstreitig nicht unter die Begünstigung der §§ 13a, 13b ErbStG fällt, da lediglich Barvermögen erworben wird, nicht aber Betriebsvermögen im Sinne der §§ 95 ff.

---

22 *Froning*, in: Sudhoff, Unternehmensnachfolge, 5. Aufl., 2005, § 48, Rn. 20.
23 *Jäger*, in: Sudhoff, GmbH & Co. KG, 6. Aufl., 2005, § 34, Rn. 38.

BewG, wie dies § 13b Abs. 1 Nr. 2 ErbStG voraussetzt.[24] Zum anderen droht insbesondere bei Vorhandensein von Sonderbetriebsvermögen die ungewollte Aufdeckung stiller Reserven und damit Einkommensteuerbelastungen.[25]

V. Regelungen über Auskunftsansprüche zur Erfüllung schenkungs- und erbschaftsteuerlicher Pflichten und Regelung der Kostentragung für die Berechnung und Ermittlung der relevanten Größen

In Familienunternehmen steht in regelmäßig wiederkehrenden Abständen der Generationenwechsel bzw. die Einbindung der Nachfolgegeneration in das Unternehmen an. Der Gesellschafter wird in diesen Fällen regelmäßig darüber nachdenken, seine Beteiligung ganz oder teilweise (teil-)unentgeltlich (z.B. auf einen oder mehrere Abkömmling[e]) zu übertragen. In diesem Zusammenhang wird sich die Frage stellen, ob und inwieweit die derzeit (noch) geltenden schenkungsteuerlichen Vergünstigungen der §§ 13a, 13b ErbStG für die Übertragung von Betriebsvermögen in Anspruch genommen werden können. Dieser Fragestellung kommt insoweit erhebliche Relevanz zu, als die Beschenkten (oder auch der Schenker) jedenfalls bei einem hoch bewerteten Anteil häufig nicht in der Lage sein werden, die grundsätzlich darauf anfallende Schenkungsteuer aus ihrem (liquiden) Vermögen zu bedienen. Die für die Schenkungsteuer relevanten Fakten (Wert des Anteils; Höhe der Verwaltungs- und Lohnsummenquote) wird der Gesellschafter aber regelmäßig nicht wissen.

In diesem Kontext stellt sich die Frage, ob den Gesellschaftern bei beabsichtigter Anteilsübertragung ein individuelles Auskunftsrecht über den Wert ihrer Beteiligung bzw. über die Höhe der Verwaltungsvermögens- und Lohnsummenquote gegenüber der Gesellschaft zusteht; oder ob zumindest ein Recht auf Zugang zu den relevanten Gesellschaftsunterlagen besteht, um den Wert bzw. die Quoten selbst ermitteln zu können. Ist dies der Fall, stellt sich weitergehend die Frage, wer die Kosten für die Ermittlungen trägt (Gesellschafter oder Gesellschaft). Diese Fragen sind grundsätzlich für jede Rechtsform einzeln zu betrachten, da das Gesetz an die

---

24 Vgl. nur *von Sothen* in *Scherer*, Münch. Anwaltshandbuch Erbrecht, 3. Aufl., 2010, § 35, Rn. 79 m.w.N.
25 Vgl. hierzu den vorstehenden Beitrag von *Wälzholz* in diesem Tagungsband; hierzu ausführlich auch *Feick/Weber*, BB 2012, S. 747, 752.

Informationsansprüche eines Gesellschafters unterschiedliche Anforderungen stellt; auch sind die gesetzlichen Regelungen nicht gleichermaßen disponibel. Ob und inwieweit die gesetzlich vorgesehenen Informationsrechte im Gesellschaftsvertrag mit Blickrichtung auf die steuerlichen Privilegierungen nach §§ 13a, b ErbStG erweitert (oder beschränkt) werden können, kann nicht einheitlich beurteilt werden. Die nachfolgenden Ausführungen sollen ausschließlich als Diskussionsgrundlage dienen; eine vertiefte Auseinandersetzung mit den vorgenannten Fragestellungen kann an dieser Stelle nicht erfolgen.

1. Zur GmbH

a) Gesetzliche Ausgangssituation

Das weitgehendste Informationsrecht sieht der Gesetzgeber für GmbH-Gesellschafter vor. So normiert § 51a Abs. 1 GmbHG das Recht eines jeden Gesellschafters „*Auskunft über die Angelegenheiten der Gesellschaft*" (in und außerhalb von Gesellschafterversammlungen) verlangen und Einsicht in die „*Bücher und Schriften*" der Gesellschaft nehmen zu können. Der konkrete Inhalt des Auskunftsrechts („*Angelegenheiten der Gesellschaft*") ist gesetzlich zwar nicht näher definiert; es herrscht allerdings Einigkeit, dass der Begriff „*Angelegenheiten der Gesellschaft*" weit zu verstehen ist[26]. Das heißt konkret: Letztlich fällt alles darunter, was einen irgendwie gearteten Bezug zur Gesellschaft aufweist.[27] Hierzu zählen beispielsweise die Beteiligungsverhältnisse an der Gesellschaft[28], die aktuelle Vermögens- und Ertragslage sowie die Liquidität der Gesellschaft, die Art und Weise der Anlage des Gesellschaftsvermögens[29] sowie Erwerbs- und Veräußerungsabsichten[30]; aber auch der Beteiligungswert, die Verwaltungsvermögens- und Lohnsummenquote dürften bei Zugrundelegung ei-

---

26 BGH, Beschl. v. 6.3.1997, II ZB 4/96, NJW 1997, S. 1985, 1986; OLG Düsseldorf, Beschl. v. 2.3.1990, 17 W 40/8917 und 43/89, NJW-RR 1991, S. 620, 620; OLG Jena, Beschl. v. 14.9.2004, 6 W 417/04, NZG 2004, S. 1156, 1157; *K. Schmidt*, in: Scholz, Komm GmbHG, 2. Bd., 11. Aufl., 2014, § 51a, Rn. 19.
27 Vgl. *Zöllner*, in: Baumbach/Hueck, Komm GmbHG, 20. Aufl., 2013, § 51a, Rn. 11.
28 *Zöllner*, in: Baumbach/Hueck, Komm GmbHG, 20. Aufl., 2013, § 51a, Rn. 11.
29 *K. Schmidt*, in: Scholz, Komm GmbHG, 2. Bd., 11. Aufl., 2014, § 51a, Rn. 19.
30 *K. Schmidt*, in: Scholz, Komm GmbHG, 2. Bd., 11. Aufl., 2014, § 51a, Rn. 19.

nes weiten Verständnisses vom grundsätzlichen Auskunftsrecht erfasst sein. Das Einsichtsrecht des Gesellschafters beinhaltet hingegen die Einsichtnahme in die Bücher und Schriften der Gesellschaft selbst, die die Gesellschaft in ihren Geschäftsräumen zur Verfügung zu stellen hat[31]. Unter *„Bücher und Schriften"* sind dabei sämtliche gesellschaftsbezogenen Unterlagen (sowohl in Papierform als auch durch elektronische Medien gespeicherte Daten)[32] zu verstehen. Der Wortlaut des § 51a Abs. 1 GmbHG (Auskunft *„und"* Einsicht) legt es folglich nahe, dass jedem Gesellschafter ein kumulativer Anspruch auf Auskunft und Einsichtnahme zusteht; er sich demnach jederzeit frei entscheiden kann, ob er den Anteilswert bzw. die Quoten von der Gesellschaft ermitteln lässt oder durch Einsichtnahme in die Gesellschaftsunterlagen selbst ermittelt.

Allerdings besteht in Rechtsprechung und Literatur Einigkeit, dass diesem umfassenden Informationsrecht über den in Absatz 2 rudimentär geregelten Verweigerungsgrund hinaus (Besorgnis der Informationsverwendung zu gesellschaftsfremden Zwecken mit Nachteilszufügungsabsicht) immanente Schranken gesetzt sind.[33] Regelmäßig wird ein Informationsbedürfnis[34] bzw. ein konkretes Gesellschafterinteresse an der Information vorausgesetzt. Trotz grundsätzlicher Gleichrangigkeit zwischen Auskunfts- und Einsichtsrecht ist der Grundsatz der Erforderlichkeit (der Gesellschafter kann nur solche Informationen verlangen, die zur Erfüllung seines Informationsbedürfnisses notwendig sind)[35] und das Gebot des schonendsten Mittels[36] zu beachten.[37]

Das Gebot des schonendsten Mittels bedeutet, dass nur dasjenige Informationsmittel (Auskunft *oder* Einsicht) verlangt werden kann, das den Geschäftsbetrieb weniger belastet. In der Regel belastet die Erfüllung des Informationsverlangens durch Auskunftserteilung den Geschäftsbetrieb geringer als die Gewährung der Einsichtnahme, so dass der Gesellschafter

---

31 *Zöllner*, in: Baumbach/Hueck, Komm GmbHG, 20. Aufl., 2013, § 51a, Rn. 23.
32 *Hillmann*, in: Münch Komm GmbHG, 1. Aufl., 2012, § 51a, Rn. 51 m.w.N.
33 *Hillmann*, in: Münch Komm GmbHG, 1. Aufl., 2012, § 51a, Rn. 76; vgl. auch *Zöllner*, in: Baumbach/Hueck, Komm GmbHG, 20. Aufl., 2013, § 51a, Rn. 28.
34 *Zöllner*, in: Baumbach/Hueck, Komm GmbHG, 20. Aufl., 2013, § 51a, Rn. 27 ff.
35 *Hillmann*, in: Münch Komm GmbHG, 1. Aufl., 2012, § 51a, Rn. 83.
36 *Hillmann*, in: Münch Komm GmbHG, 1. Aufl., 2012, § 51a, Rn. 84; *Zöllner*, in: Baumbach/Hueck, Komm GmbHG, 20. Aufl., 2013, § 51a, Rnrn. 26 und 31.
37 *Hillmann*, in: Münch Komm GmbHG, 1. Aufl., 2012, § 51a, Rn. 84; vgl. auch *Zöllner*, in: Baumbach/Hueck, Komm GmbHG, 20. Aufl., 2013, § 51a, Rn. 31.

regelmäßig auf sein Auskunftsrecht zu verweisen ist.[38] Allerdings ist hier zu berücksichtigen, dass die Ermittlung des Anteilswerts wie auch die Ermittlung der Verwaltungsvermögens- und Lohnsummenquote, die der Auskunftserteilung jeweils vorausgeht, einen erheblichen Feststellungs- und Bewertungsaufwand erfordert. Die Belastung des Geschäftsbetriebs dürfte hier ungleich höher sein als bei Gewährung eines Einsichtsrechts. Denn im letzteren Fall wird die eigentliche Bewertung und Ermittlung durch den Gesellschafter selbst oder durch einen von ihm beauftragten neutralen Wirtschaftsprüfer vorgenommen.

Auch wenn das Gebot des schonendsten Mittels den Gesellschafter wohl in der Regel eher auf sein Einsichtsrecht verweisen wird, ist ein derartiger Verweis aber nur insofern zulässig, als hierdurch auch die Informationsinteressen des Gesellschafters umfassend erfüllt werden.[39] Ist die betreffende Gesellschaft noch an weiteren Gesellschaften beteiligt, können insbesondere für die Ermittlung der Verwaltungsvermögens- und Lohnsummenquote auch die folgenden Gesellschaftsebenen von Relevanz sein. Hier ist das Auskunftsrecht ggf. weitergehender als das Einsichtsrecht, da es nicht nur auf die Verhältnisse der Gesellschaft selbst beschränkt ist, sondern auch die Verhältnisse bei verbundenen Unternehmen umfasst, wenn diese objektiv und rechtlich von erheblicher Bedeutung sind[40]. Das Informationsbedürfnis des Gesellschafters kann folglich – in den Grenzen des Verhältnismäßigkeitsgrundsatzes[41] – für einen Auskunftsanspruch des Gesellschafters sprechen, auch wenn hierdurch stärker in den Geschäftsbetrieb der Gesellschaft eingegriffen wird.

---

38 *Hillmann*, in: Münch Komm GmbHG, 1. Aufl., 2012, § 51a, Rn. 84; vgl. auch *Zöllner*, in: Baumbach/Hueck, Komm GmbHG, 20. Aufl., 2013, § 51a, Rnrn. 26 und 31.

39 Vgl. OLG Jena, Beschl. v. 14.9.2004, 6 W 417/04, NZG 2004, S. 1156, 1156; *Hillmann*, in: Münch Komm GmbHG, 1. Aufl., 2012, § 51a, Rn. 84; *Zöllner*, in: Baumbach/Hueck, Komm GmbHG, 19. Aufl., 2010, § 51, Rn. 19 (dort auch zu den eng umgrenzten Ausnahmen).

40 BGH, Urt. v. 11.11.2002, II ZR 125/02, NJW-RR 2003, S. 830 ff. (zum vereinsrechtlichen Informationsrecht); *Zöllner*, in: Baumbach/Hueck, Komm GmbHG, 20. Aufl., 2013, § 51 a, Rn. 12 m.w.N.

41 Zum Grundsatz der Verhältnismäßigkeit bei Ausübung des Auskunfts- und Einsichtsrechts gem. § 51 GmbHG: OLG Jena, Beschl. v. 14.9.2004, 6 W 417/04, NZG 2004, S. 1156, 1156; *Hillmann*, in: Münch Komm GmbHG, 1. Aufl., 2012, § 51a, Rn. 85; vgl. auch *K. Schmidt*, in: Scholz, Komm GmbHG, 2. Bd., 11. Aufl., 2014, § 51a, Rn. 36.

Die Geltendmachung eines Auskunftsanspruches kann allerdings immense Kostenfolgen für die Gesellschaft nach sich ziehen. So entspricht es allgemeiner Auffassung, dass die Gesellschaft die ihr für die Auskunftserteilung entstehenden Kosten selbst zu tragen hat.[42] Die Gesellschaft hat zwar die ihr im Rahmen der Einsichtsgewährung entstehenden Kosten ebenfalls selbst zu tragen. Doch dürften diese Kosten vergleichsweise geringfügig sein, da die Auswertung der Geschäftsunterlagen durch den Gesellschafter selbst bzw. durch einen von diesem beauftragten Dritten erfolgt und der Gesellschafter gegen die Gesellschaft keinen Anspruch auf Erstattung der Kosten hat.

b) Gesellschaftsvertragliche Regelungen?

Insbesondere vor dem Hintergrund der Kostentragung stellt sich die Frage, ob zum Inhalt und der Art des Informationsrechts Regelungen in den Gesellschaftsvertrag aufgenommen werden sollten, sowie darüber, wer (ob Gesellschaft oder der Gesellschafter selbst) die Kosten für das jeweilige Informationsmittel zu tragen hat.

Bereits für die erste Fragestellung kommt es auf die grundsätzliche Regelungsmöglichkeit im Gesellschaftsvertrag an. Hier gilt: Die Regelung des § 51a GmbHG ist grundsätzlich zwingend; Verbesserungen und Erweiterungen des Informationsrechts sind aber erlaubt.[43] Die Regelung, dass einem Gesellschafter ein Informationsrecht über die Höhe seines Anteilswertes oder der Verwaltungsvermögens- und Lohnsummenquote zukommt, dürfte folglich zulässig sein, nicht hingegen die Beschränkung auf nur ein Informationsmittel (Auskunft oder Einsichtnahme).

In einem zweiten Schritt wäre zu überlegen, ob und inwiefern eine gesellschaftsvertragliche Kostentragungsregelung dahingehend sinnvoll und zulässig sein könnte, dem Gesellschafter, der ein Auskunftsrecht geltend macht, die mit der Auskunftserteilung anfallenden Kosten aufzubürden – zumindest für eng umgrenzte Fälle, in denen ein erheblicher Kostenaufwand zu erwarten ist bzw. tatsächlich entsteht. Hier wäre insbesondere zu diskutieren, ob mit einer Kostenregelung, die die Kostenlast von der Gesellschaft auf den auskunftssuchenden Gesellschafter delegiert, eine unzulässige Hemmschwelle für den Gesellschafter geschaffen wird, von sei-

---

42 *Zöllner*, in: Baumbach/Hueck, Komm GmbHG, 20. Aufl., 2013, § 51a, Rn. 18.
43 *Hillmann*, in: Münch Komm GmbHG, 1. Aufl., 2012, § 51a, Rn. 93.

nem Informationsrecht Gebrauch zu machen oder ob diese „Hemmschwelle" hinnehmbar ist.

2. Zur Aktiengesellschaft

Bei der Aktiengesellschaft stellt sich die gesetzliche Ausgangssituation anders als bei der GmbH dar. Im Unterschied zur GmbH gewährt der Gesetzgeber dem Aktionär einer Aktiengesellschaft lediglich ein allgemeines Auskunftsrecht über Angelegenheiten der Gesellschaft in der Hauptversammlung und nur soweit die Auskunft *„zur sachgemäßen Beurteilung des Gegenstands der Tagesordnung erforderlich ist"*, § 131 Abs. 1 Satz 1 AktG. Ein genereller Informationsanspruch über die wertmäßige Höhe des Anteils oder die Höhe der Verwaltungsvermögens- bzw. Lohnsummenquote kommt dem Aktionär folglich nicht zu. Aufgrund der im Aktienrecht geltenden Satzungsstrenge ist das in § 131 Abs. 1 AktG normierte Auskunftsrecht zudem gesellschaftsvertraglich weder einschränkbar noch erweiterbar, vgl. § 23 Abs. 5 AktG. Allerdings könnte zumindest bei einem Aktionär, der allein oder mit anderen über mindestens 20 % des Grundkapitals verfügt oder den anteiligen Betrag von 500 000 Euro erreicht, angedacht werden, die von ihm beabsichtigte erbschaft- und schenkungsteuerbegünstigte Übertragung seiner Aktien nach § 122 Abs. 2 AktG auf die Tagesordnung setzen zu lassen. Inwiefern dies ein Auskunftsrecht über die Höhe der Verwaltungsvermögens- bzw. Lohnsummenquote in der Hauptversammlung selbst begründet, ist allerdings eine weitere, noch zu diskutierende Fragestellung.

3. Zur GbR

Das Gesetz gewährt jedem GbR-Gesellschafter ein Einsichtsrecht, nicht aber ein Auskunftsrecht (§ 716 BGB). Lediglich in besonders gelagerten Ausnahmefällen (z.B. bei Nichtvorhandensein von Büchern und Geschäftspapieren) kann ein Auskunftsrecht zugestanden werden. Selbst das Einsichtsrecht gemäß § 716 Abs. 1 BGB steht jedoch grundsätzlich zur Disposition der Gesellschafter; sie können den Regelungsgehalt erweitern und beschränken. Dementsprechend könnten auch in einem GbR-Gesellschaftsvertrag die bei der GmbH bereits dargelegten Regelungen aufgenommen und – noch darüber hinausgehend – das (einzig) zulässige Informationsmittel (Auskunft oder Einsichtnahme) festgelegt werden.

4. Zur oHG

Für die Gesellschafter einer oHG (und den Komplementär einer GmbH & Co. KG) gilt das zur GbR Dargelegte entsprechend. § 118 Abs. 1 HGB sieht eine nahezu wortgleiche Regelung wie in § 716 Abs. 1 BGB vor; ein Auskunftsrecht kommt den Gesellschaftern im Grundsatz nur als Kollektivrecht zu (Anwendung der § 713 iVm. § 666 BGB über den Verweis in § 105 Abs. 3 HGB). Wie § 716 Abs. 1 BGB ist auch das in § 118 Abs. 1 HGB normierte Informationsrecht erweiterbar und beschränkbar, so dass auf die zur GbR getätigten Ausführungen vollumfänglich verwiesen werden kann.

5. Zur KG

Für die Kommanditisten einer GmbH & Co. KG, die nicht zugleich Gesellschafter der Komplementär-GmbH sind (dann: § 51a GmbHG), sieht § 166 HGB ein Einsichtsrecht sowie zugleich ein allgemeines sowie außerordentliches Auskunftsrecht vor. Allerdings sind die in § 166 HGB festgeschriebenen Individualansprüche insbesondere im Vergleich zu § 51a GmbHG von restriktiver Natur. Das Einsichtsrecht bezieht sich nur auf Bücher, Papiere und Datenträger zur Überprüfung des Jahresabschlusses. Ein allgemeines Auskunftsrecht ist nur dann anzunehmen, wenn die Auskunft für die Ausübung der Rechte des Kommanditisten in der KG erforderlich ist. Dementsprechend dürfte nach der gesetzlichen Ausgangslage weder ein Informationsanspruch über die Höhe des Anteilswertes noch über die Höhe der Verwaltungsvermögens- und Lohnsummenquote bestehen. Auch das außerordentliche Auskunftsrecht hilft insofern nicht weiter, als es ausschließlich das Recht des Kommanditisten beinhaltet, bei Vorliegen eines wichtigen Grundes die Mitteilung einer Bilanz oder eines Jahresabschlusses gerichtlich verlangen zu können.

Eine Einschränkung der Informationsrechte nach § 166 HGB ist nicht möglich; eine Erweiterung hingegen schon, so dass diesbezüglich auf die Ausführungen zur GmbH verwiesen wird. Im Unterschied zu § 51a GmbHG dürfte allerdings auch das konkrete Informationsmittel festlegbar sein (Auskunft oder Einsichtnahme), da § 166 HGB keinen wie auch immer gearteten Informationsanspruch über die Höhe des Anteilswertes oder über die Höhe der Verwaltungsvermögens- und Lohnsummenquote normiert.

Die Vermeidung von Pflichtteilsansprüchen durch gesellschaftsrechtliche Instrumente

Harm Peter Westermann[*]

I. Fragestellung

Meine einleitende Frage geht dahin, was vermieden werden soll, und welche Motive und welche wirtschaftlichen Gegebenheiten eine Vermeidung wünschenswert erscheinen lassen. Wenn dies geklärt ist, heißt dies allerdings nicht, dass das Gesellschaftsrecht über gesicherte Konzepte verfügt, die Ziele der mit der Frage befassten Gesellschafter und ihrer Berater auch zu erreichen.

1. Die Sorgen bezüglich der Pflichtteilslast

Wenn in einem bei Gründung einer Gesellschaft geschlossenen Gesellschaftsvertrag die Folgen des Todes eines Gesellschafters (öfter: jedes Gesellschafters) für die Weiterexistenz der Gesellschaft, die Nachfolge des Verstorbenen im Gesellschafterkreis und die möglichen wirtschaftlichen Zuwächse und Belastungen der überlebenden Gesellschafter einerseits und der Erben des Verstorbenen andererseits überlegt und geregelt werden sollen, ist die Frage nach etwaigen Pflichtteilsansprüchen solcher Verwandter, die nicht oder jedenfalls nicht in Höhe ihrer Erbquote Gesellschafter werden sollen, unausweichlich. Das gilt auch, wenn ein Gesellschafter im Wege einer vorweggenommenen Erbfolge einen seiner Angehörigen durch Geschäft unter Lebenden in die Gesellschaft aufnehmen will[1], was

---

[*] Prof. Dr. Dr. h.c. mult. Harm Peter Westermann ist Emeritus an der Eberhard-Karls-Universität Tübingen.

[1] Zur Pflichtteilsbelastung des Übernehmers als Gestaltungsproblem bei der vorweggenommenen Erbfolge *H.P. Westermann* in: Die Verträge der Familienunternehmen, 2013, S. 47, 66 ff.; *Everts* in: Hager (Hrsg.), Vorweggenommene Vermögensübertragung unter Ausschluss von Pflichtteilsansprüchen (2013), S. 49 f.

der Zustimmung der Mitgesellschafter bedarf, wenn die Möglichkeit hierzu nicht schon im Gesellschaftsvertrag eröffnet ist.

Die Pflichtteilslast ist wegen ihrer Höhe, der Regelung ihrer Fälligkeit und der Durchsetzung mit einem stark ausgebauten Auskunftsanspruch[2] besonders für einen Gesellschafter/Erben, der es mit mehreren Pflichtteilsberechtigten zu tun bekommt und selber nur eine verhältnismäßig geringe Erbquote hat, eine starke Bedrohung, die ihn u.U. davon abhalten wird, überhaupt in das Unternehmen einzutreten, an dem der Erblasser beteiligt ist. Man hört z.Z. viel über die Sorge mittelständischer Unternehmer darüber, dass die nächste Generation keine Neigung hat, ins elterliche Unternehmen einzutreten[3], wozu die mögliche Pflichtteilslast beitragen könnte, die man aus einem ererbten Kaufpreis für das Unternehmen oder die Beteiligung leichter begleichen kann als durch Entnahmen aus dem Unternehmen selber. Unternehmer, die eine Fortsetzung der von ihnen betriebenen Gesellschaft nach ihrem Tode wünschen, sei es nur mit den bisherigen Partnern oder doch unter Einbeziehung eigener Nachfolger, werden dieses Problem durch vertragliche Maßnahmen angehen wollen, was natürlich am besten durch Erb- und Pflichtteilsverzichtsverträge geht, wobei der künftige Erblasser für das hierin liegende Opfer eine Vergütung leisten oder versprechen kann. Danach bin ich aber heute nicht gefragt[4], sondern nach gesellschaftsrechtlichen Regelungen, um die Pflichtteilsansprüche u.U. gegen den Willen und die Bedürfnisse der Berechtigten abzuschwächen oder ganz zu beseitigen.

Wer sich darauf einlässt, muss allerdings gewärtigen, der Suche nach „Schleichwegen am Nachlass vorbei" bezichtigt zu werden[5], was man bei einer Tagung eines einflussreichen Instituts für Notarrecht selbst dann ungern hinnimmt, wenn man gelesen hat, dass die Akzeptanz des Pflichtteilsrechts in der Bevölkerung und auch beim Deutschen Juristentag nicht mehr so hoch ist wie früher[6]. Vor diesem etwas ambivalenten Hintergrund

---

2   Im Einzelnen dazu *Häberle* in: Krug (Hrsg.), Pflichtteilsprozess, 2014, § 1 Rn. 33 ff.
3   Eindrucksvolle aktuelle Zahlen bei *Kühne/Rehm* NZG 2013, 561 ff.
4   Zu den nicht unerheblichen Problemen der Pflichtteilsverzichtsverträge *Mayer* in: Die Verträge der Familienunternehmer, 2013, S. 71 ff.; zu den Zweifeln am Pflichtteilsverzicht als „Königsweg" *Obergfell* in: Hager (aaO. Fn. 1), S. 20 ff.
5   Siehe dazu die Nachw. bei *Mayer* ZEV 2003, 355.
6   Nachw. bei *Worm*, RNotZ 2003, 535; zum Problem auch *Dauner-Lieb*, DStR 2001, 460; eingehend *Burandt*, FuR 2012, 246; *Otte*, ZEV 1994, 193 ff.; *Lange* AcP 2004, 804; *Obergfell* aaO. Fn. 4, S. 9 ff., zur Interessenlage, die den DJT im

möchte ich, bevor ich an die eigentlichen Gestaltungsinstrumente herangehe, etwas zu den mit der Gesetzeslage verbundenen Risiken und zu den Motiven und wirtschaftlichen Umständen sagen, die die Beteiligten veranlassen können, den möglichen Anspruchsinhabern eine Schlechterstellung gegenüber ihrer gesetzlichen Berechtigung zuzumuten.

2. Die bedrohten Interessen

Am unangenehmsten – darüber sind sich alle, die sich in den letzten Jahren mit meinem Thema befasst haben[7], einig – ist die Lage eines in der Gesellschaft befindlichen oder mit dem Erbfall in sie nachgerückten Erben, dem es zustoßen kann, Pflichtteilsberechtigte nach Maßgabe des vollen wirtschaftlichen Werts der übernommenen Beteiligung auszahlen zu müssen, während er selber, wenn er die Gesellschaft verlässt, vielleicht auch, weil ihm die Befriedigung der Pflichtteilsansprüche zu schwer fällt –, eine vertragliche Abfindungsbeschränkung hinnehmen muss. Dieses Risiko kann auch die Mitgesellschafter des Verstorbenen treffen, denen sein Anteil an der Gesellschaft nach gesellschaftsrechtlichen Regeln angewachsen ist, und die nicht sicher sind, ob dieser Zuwachs aus der Sicht der Erben ihres früheren Partners und mindestens der Pflichtteilsberechtigten nicht als Schenkung i.S. der §§ 2301, 2329 BGB qualifiziert werden muss. Ist das der Fall, worauf noch zurückzukommen ist, so kann auch die Gesellschaft in ihrem Fortbestand gefährdet sein[8], jedenfalls scheint das bei manchen Gesellschaftsgründungen eine Sorge zu sein. Derartige Befürchtungen sind wohl besonders dann realistisch, wenn das Vermögen des Erblassers, was nach wie vor im Mittelstand häufig zu sein scheint, hauptsächlich aus dem Gesellschaftsanteil besteht, so dass eine Abfindung der „weichenden Erben" und Pflichtteilsberechtigten aus gesellschaftsfreiem Vermögen unmöglich oder doch sehr schwer erscheint. Zu allem kommt natürlich die Verpflichtung zur Zahlung von Erbschaftsteuer hinzu, die ebenfalls die Liquidität eines Gesellschafter/Erben verengen kann. Wir werden sehen, dass der BGH das Motiv, die Gesellschaft vor übermäßigen

---

Jahre 2010 zu Reformvorschlägen veranlasste, aus der Sicht des Gesellschaftsrechts *H.P. Westermann*, FS für Roth, 2011, S. 893 ff.

7   Exemplarisch *Bratke*, ZEV 2000, 16; *Mayer* aaO. Fn. 4; *Hölscher*, ZEV 2010, 609 ff.; *Worm,* aaO. Fn. 6; soeben *Reich/Szczesny/Voß* in: Krug, Pflichtteilsprozess, 2014, § 14 Rn. 120 ff.

8   *Dauner-Lieb*, DNotZ 2001, 46 ff.; *Lange*, aaO. Fn. 6, *Dutta*, FamRZ 2011, 1829.

Pflichtteilsansprüchen zu schützen, bis zu einem gewissen Grade anerkennt.

Man kann aber auch nicht daran vorbeisehen, dass mancher Erblasser, besonders ein in einer heute auch bei hochgestellten Persönlichkeiten beliebten Patchwork-Familie befangener, manchmal versucht sein kann, verschiedene der ihm familienrechtlich Verbundenen ungleich zu behandeln, wobei namentlich die Besserstellung eines überlebenden Ehegatten auch über die durch den Güterstand begründete Privilegierung hinausgehen kann. Einem diesbezüglichen Argwohn kann im Einzelfall allerdings einleuchtend entgegengehalten werden, dass das Versorgungsbedürfnis eines überlebenden Ehegatten größer sein kann als das von gemeinsamen oder einseitigen Kindern des Erblassers, die eine selbständige Berufsstellung erreicht haben. Wir sollten uns daher hüten, die Versuche zu einer Beschränkung der Pflichtteilslast ohne weiteres als Umgehungsversuche zu betrachten, wenn auch nicht zu leugnen ist, dass manchmal eine Enterbung oder Maßnahmen zur Pflichtteilsvermeidung durch Streit oder Zweifel an der menschlichen und/oder sachlichen Qualifikation einer Person verursacht sind. In der höchstrichterlichen Judikatur ist bisweilen auch die Vorstellung der Gründer einer Gesellschaft sichtbar geworden, beim Tode eines von ihnen seine Erben – und damit auch seine Pflichtteilsberechtigten – seinen früheren Partnern ganz vom Leibe zu halten, ein Bestreben, das zumeist auf Gegenseitigkeit unter den Vertragsschließenden beruht und im Schrifttum[9] als „aleatorisch" bezeichnet wird, weil beim Vertragsschluss keiner weiß, wen es als ersten trifft.

Ein – zugegeben etwas pittoresker – Randaspekt, dessen Bearbeitung in einer Urteilsbesprechung[10] aber zu meiner ehrenvollen Einladung zu diesem Symposion beigetragen hat, ergibt sich aus einigen kürzlich bekannt gewordenen Fällen der Einschaltung einer Stiftung in die gesellschaftsrechtliche Nachfolge, welche Maßnahme sich von den Zuwendungen an Mitgesellschafter oder Miterben dadurch unterscheiden kann, dass eine Stiftungserrichtung vielleicht keine Schenkung darstellt, wie sie zu Pflichtteilsergänzungsansprüchen oder zu einer Anwendung des § 2301 BGB führen könnte. Das sieht auf den ersten Blick wie ein reines Problem der Gesetzesanwendung aus, könnte aber, namentlich wenn die Stiftung gemeinnützig ist, den oder die Pflichtteilsberechtigten in einen Gegensatz

---

9   Hier nur *Hölscher*, ZEV 2010, 609 mit zahlreichen Nachweisen in Fn. 41.
10 ZIP 2012, 1007.

zu den mit der Stiftung verfolgten höherwertigen Zielen bringen (näher unten II 5, 7).

3. Das praktische Problemfeld

Sicher ist deutlich geworden, dass hier ein weites Feld vor uns liegt. Es umfasst hauptsächlich die Nachfolgeregelungen bei Personengesellschaften, zu denen man mit Rücksicht auf die Besitz-Personengesellschaften auch die Gesellschaft bürgerlichen Rechts rechnen muss, aber auch die personenbezogene GmbH. Um der Einhaltung des Zeitprogramms willen muss ich mir erlauben, die rechtstechnischen Unterschiede zwischen den verschiedenen Nachfolgeklauseln in Personengesellschaftsverträgen und GmbH-Satzungen, die natürlich die Zugehörigkeit von Gesellschaftsanteilen und/oder Abfindungsansprüchen zum Nachlass erheblich beeinflussen[11], hier als bekannt zu unterstellen[12]. Auf Aktienbesitz gehe ich, schon weil in Satzungen auch von Familien-Aktiengesellschaften wegen der aktienrechtlichen Satzungsstrenge für derartiges kein Platz ist, nicht ein, wohl aber wird einiges zur Unterbeteiligung vor allem in Familiengesellschaften zu sagen sein.

Dies ist jetzt nur eine Skizze zum Anwendungsbereich der genannten Fragen, in der man auf heute vielfach durch Rechtsprechung und wissenschaftliches Schrifttum diskutierte Gesichtspunkte eingehen muss. Da aber dabei – wie hier niemanden wundern wird – völlig rechtssichere Lösungen kaum geboten werden können, kann vielleicht noch ein Blick auf –bisher weniger diskutierte – Lösungen geworfen werden, die darin bestehen, Gesellschaftern – auch und gerade nachrückenden – durch Gesellschaftsvertrag Vorgaben im Hinblick auf eine den Partnern verträglich erscheinende Gestaltung der Erbfolge einschließlich der möglichen Pflichtteilsberechtigungen zu machen. Das Odium, mit solchen Erwägungen Rechtspositionen von hoher Wertigkeit zu gefährden, muss ich dann auf mich nehmen.

---

11 Aufschlüsselung der Regelung auch im Hinblick auf Pflichtteilsrechte bei *Reich/Szczesny/Voß* aaO. Fn.7; *Everts* aaO. Fn. 1, S. 53 ff.; speziell zur GmbH ebenda, S. 52.
12 Ausführlich hierzu *Feick* in diesem Tagungsband.

II. Lösungen zur Beschränkung von Pflichtteils- oder Pflichtteilsergänzungsansprüchen

1. Abfindungsausschluss der nicht in die Gesellschaft nachrückenden Erben

Klar im Vordergrund stehen Bestimmungen im Gesellschaftsvertrag einer Personengesellschaft, nach denen mit dem Tode eines Gesellschafters die Gesellschaft ohne ihn fortgesetzt wird, so dass sein Gesellschaftsanteil den Mitgesellschaftern zuwächst, während seinen Erben keine Abfindung zustehen soll. Das ist im Ausgangspunkt gesellschaftsrechtlich zulässig[13], hat aber u.U. einen Haken. Dieser liegt weniger in den bekannten Vorbehalten gegen gesellschaftsrechtliche Abfindungsbeschränkungen, da die diesbezüglichen Entscheidungen des Erblassers unter erbrechtlichen Gesichtspunkten gewertet werden[14]; aber gerade da kann es zu einer kritischen Prüfung führen, ob hier eine Zuwendung an die Mitgesellschafter i.S. des § 2301 BGB, also ein Schenkungsversprechen auf den Todesfall vorliegt, und ob man weitergehend einen Pflichtteilsergänzungsanspruch nach § 2325 BGB der von diesem Teil des Nachlasses Ausgeschlossenen gegen die Mitgesellschafter annehmen muss. Auch das setzt aber eine unentgeltliche Zuwendung voraus. Nun wird, wie schon angedeutet, gegen die Anwendung der Formvorschrift des § 2301 BGB der aleatorische Charakter einer Regelung eingewendet, bei der jeder der Gesellschafter die Chance habe, irgendwann seine Beteiligung anwachsen zu sehen oder sie für seine Familie ersatzlos zu verlieren. Das gilt dann auch gegenüber der Qualifikation als unentgeltliche Verfügung i.S. des § 2325[15], wobei als Begründung hinzukommt, dass die Mitgesellschafter des Verstorbenen bereits durch die Regelung im Gesellschaftsvertrag eine Anwartschaft erworben hätten, die nicht nachträglich untergraben werden dürfe[16]. Die

---

13 BGHZ 22, 187, 194; BGH WM 1971, 1338 f.; *Boujong* in FS Ulmer, 2003, S. 41 ff.; *H.P. Westermann* in Westermann/Wertenbruch, Handbuch der Personengesellschaften Rn. I 1200; GroßK/HGB/*Schäfer* § 131 Rn. 188.
14 So schon *H.P. Westermann* aaO. Rn. 1200, 1201.
15 Grundlegend schon *Wiedemann*, Die Übertragung und Vererbung von Mitgliedschaftsrechten bei Handelsgesellschaften, 1965, S. 169; im neueren Schrifttum *Lorz* in Ebenroth/Boujong/Joost/Strohn § 131 HGB 20; *H.P. Westermann*, Handbuch der Personengesellschaften, Rn. 1201; Erman/*Schlüter* § 2311 Rn. 7; *Jauernig/Stürner* § 2325 Rn. 5.
16 BGHZ 22, 187, 194; *Ulmer*, ZGR 1971, 195, 214; Staudinger/*Kanzleiter* § 2301 Rn. 51.

Rechtsprechung hat in der Tat in verschiedenen, allerdings schon etwas zurückliegenden Urteilen bei einer gesellschaftsvertraglichen Fortsetzungsklausel mit Abfindungsausschluss für alle Todesfälle die Voraussetzungen der Pflichtteilsergänzung verneint[17]. Im neueren Praktiker-Schrifttum wird aber bezweifelt, ob sich nicht demnächst Gegenstimmen durchsetzen, die sich auf die hohe rechtsethische Wertigkeit des Pflichtteilsrechts und die Ähnlichkeit des Abfindungsausschlusses in Bezug auf den (häufig) wertvollsten Nachlassbestandteil mit einer letztwilligen Zuwendung berufen könnten[18]. Anerkannt ist jedenfalls, dass in Fällen, in denen der eine Abfindungsbeschränkung Hinnehmende nicht ernstlich damit rechnen kann, selber in den Genuss der hierdurch begründeten Aufwendungsersparnis zu kommen, weil zwischen ihm und den durch den Ausschluss der Abfindung Begünstigten ein extrem hoher Altersunterschied oder krankheitsbedingte Unterschiede in der Lebenserwartung bestehen, also in einem Fall gewollter Disparität, doch eine Schenkung naheliegt[19]. Immerhin sind die Argumente, mit denen der BGH Unentgeltlichkeit des allseitigen Abfindungsausschlusses verneint, nicht von der Hand zu weisen: Ein totaler Abfindungsausschluss habe nicht unbedingt den Zweck, den in Aussicht genommenen Begünstigten etwas zuzuwenden, sondern diene eher der Erhaltung des Unternehmens. Dies wurde entschieden für die Frage der Formbedürftigkeit der vertraglichen Regelung[20], aber wiederholt mit Blick auf § 2325 BGB bei Aufnahme eines Mannes als Komplementär in die bisher von seiner Frau betriebene KG mit der Abmachung, dass beim Tode eines der beiden der andere ein Recht auf entschädigungslose Übernahme haben solle, was dann die erstehelichen Kinder des Mannes zum Anlass nahmen, seine Witwe auf Pflichtteilsergänzung in Anspruch zu nehmen[21]. Ob wirklich im konkreten Fall der Schutz des Unternehmens vor Kapitalabfluss das entscheidende Motiv war, wird man nicht immer leicht feststellen können, die forensi-

---

17 BGH WM 1971, 1338, 1340; BGH NJW 1981, 1956; BGH DNotZ 1966, 620.
18 Eingehend *Hölscher*, ZEV 2010, 609 ff.; *Everts* aaO. Fn. 1 S. 53 ff. (letztlich der h.M. folgend); weitergehend hat Großkomm/HGB/*Schäfer* § 131 Rn. 188 die Gegenmeinung (zitiert wird *Heckelmann*, Abfindungsklauseln in Gesellschaftsverträgen 1973, S. 77 f, 84; MünchKomm/HGB/*K. Schmidt* § 131 Rn. 67; MünchKomm/BGB/*Lange* § 2325 Rn. 20) schon für herrschend erklärt.
19 Siehe etwa BGH NJW 1981, 1956 f., ähnlich KG OLGZ 1978, 463, 466; OLG Düsseldorf MDR 1977, 932; zur „gewollten Disparität" *v. Dickhuth-Harrach*, Handbuch der Erbfolge-Gestaltung, 2011, § 60 Rn. 41.
20 BGH DNotZ 1966, 620.
21 BGH WM 1971, 1338.

schen Probleme bei einem Rechtsstreit um diese Fragen lassen sich leicht vorstellen. Vielleicht kommt es aber zu einer solchen Auseinandersetzung gar nicht, wenn nämlich der an einer Pflichtteilsvermeidung interessierte Gesellschafter erst verstirbt, nachdem seine Mitgesellschafter durch ihr abfindungsloses Ableben seine Beteiligung gewissermaßen haben anwachsen lassen: Er ist dann in der Situation wie vor der Vereinbarung, kann aber auch letztwillig verfügen[22].

2. Lebzeitige Aufnahme von Erbprätendenten in die Gesellschaft

Handelt es sich nach den Maßstäben der Rechtsprechung im Einzelfall nicht um eine unentgeltliche Zuwendung, so bleibt es bei dem gesellschaftsrechtlichen Ausschluss einer Abfindung, die in den Nachlass gefallen sein könnte, und auch Pflichtteilsergänzungsansprüche scheiden aus. Man wird aber nicht ausschließen dürfen, dass im Einzelfall Umstände auftreten oder bereits gegeben sind, die doch eine einseitige Begünstigung eines Gesellschafters, meist eines Erbprätendenten, darstellen. Dies könnte auch bei frühzeitiger Aufnahme eines Angehörigen als Kommanditist mit einer aus den Mitteln des Erblassers stammenden Einlage zutreffen[23] und wird auch für die – ohnehin nicht alltägliche – Überführung von gemeinschaftlichem Grundbesitz von Ehegatten in eine „Ehegatteneigenheimgesellschaft" erwogen, in deren Vertrag ein beiderseitiger Abfindungsausschluss steht[24]. Ob man hier, wie auch bei der Aufnahme eines Angehörigen als persönlich haftenden Gesellschafter[25], im Hinblick auf die heute durchgesetzte Haftungsverfassung der GbR doch Entgeltlichkeit anneh-

---

22 *Everts* aaO. Fn. 1, S. 55; etwas anders *Hölscher* aaO. Fn. 18, S. 614.
23 So auch *Mayer*, ZEV 2003, 355 unter Hinweis auf das Urteil BGH NJW 1990, 1616 zur Einräumung einer Kommanditistenstellung.
24 Näher dazu *Hölscher* aaO. S. 609 ff. mit dem Hinweis, dass es auf den handelsgewerblichen Charakter der Gesellschaft nicht entscheidend ankomme; zur Zulässigkeit einer solchen Umwandlung von Bruchteils- in Gesamthandseigentum BGH DNotZ 1982, 159; zweifelnd *v. Dickhut-Harrach* aaO. Fn. 19 § 60 Rn. 43; für eine Pflichtteilsergänzung aber *Boujong* in FS Ulmer, 2003, S. 41, 45 ff.; *U. Mayer*, ZEV 2003, 355, 357 f.
25 Gegen die Annahme einer Schenkung in diesen Fällen BGH NJW 1981, 1956; BGH WM 1965, 359; KG DNotZ 1978, 109, 111; *Mayer* aaO. S. 356; zust. *Klingelhöfer*, Pflichtteilsrecht Rn. 558; MünchKomm/BGB/*Lange* § 2325 Rn. 18; differenzierend im Hinblick auf ein mögliches Missverhältnis von Leistung und Gegenleistung *v. Dickhut-Harrach* aaO. Fn. 19 § 60 Rn. 40.

men kann, weil die Übernahme des Haftungsrisikos als Gegenleistung des Aufgenommenen verstanden werden könnte[26], ist nicht auszuschließen, anders wieder bei der ja keineswegs undenkbaren Aufnahme eines Kommanditisten auch als Gesellschafter/Geschäftsführer einer Komplementär-GmbH. In der GmbH müsste die Schaffung von Einziehungsmöglichkeiten unter Abfindungsausschluss, die ja möglich ist, im bisherigen Schrifttum allerdings verbreitet als Schenkung qualifiziert wird[27], dennoch ähnlich behandelt werden wie ein Abfindungsausschluss in der Personengesellschaft. In der KG rücken aufgrund des § 177 HGB grundsätzlich alle Miterben als Kommanditisten nach; soll dies vermieden werden, kann auch hier eine Nachfolgeklausel zwischen nachrückenden und ausscheidenden Erben differenzieren, wobei die Beteiligung erbrechtlich als Nachlassbestandteil behandelt wird. Mehrere Erben erhalten dann in der Gesellschaft Kommanditbeteiligungen nach Maßgabe ihrer Quote am Anteil des Verstorbenen[28]; auf das Problem, das sich durch eine nicht den Erbquoten entsprechende Verteilung des Anteils des Erblassers unter seine Erben ergibt, ist wie bei der OHG sogleich einzugehen. Wie in dem soeben erwähnten Fall der „Ehegatteneigenheimgesellschaft" kann man auch noch wechselseitige Übertragungen von Vermögensgegenständen, etwa Grundstücks-Miteigentumsanteilen oder auch Gesellschaftsbeteiligungen auf den Todesfall in Erwägung ziehen, die dann wohl entgeltlich wären – das ist freilich im Kern keine gesellschaftsrechtliche Maßnahme.

Zu erwähnen ist sodann ein Gestaltungsproblem am Rande, das sich stellt, wenn die Einräumung einer Beteiligung als unentgeltliches Geschäft Pflichtteilsergänzungsansprüche auslöst, nämlich die durch die neu eingeführte Pro-rata-Regelung in § 2325 Abs. 3 S. 2 BGB (auch: Abschmelzungsregelung) entstandene Möglichkeit, mit jedem Jahr nach Vollzug der Schenkung 1/10 des Schenkungswerts mit Wirkung gegen Pflichtteilsergänzungsansprüche auszuscheiden[29]. Das setzt freilich Klarheit über den Zeitpunkt voraus, an dem eine Schenkung als vollzogen zu betrachten ist, was bei der Einräumung einer Unterbeteiligung nicht immer sicher ist (näher unten II. 6).

---

26 Dazu näher *Everts* aaO. Fn. 1 S. 50 f.
27 Im einzelnen Scholz/*H.P. Westermann* § 34 GmbHG Rn. 26 ff.; Rowedder/*Bergmann* in: Rowedder/Schmidt/Leithoff *§ 34 Rn. 34; Lutter* in Lutter/Hommelhoff § 34 Rn. 96; gegen die Annahme einer Schenkung auch hier *v. Dickhut-Harrach* aaO. Fn. 19 § 60 Rn. 45.
28 Zum ganzen MünchKomm/HGB/*Grunewald* § 177 Rn. 15 ff.
29 Näher dazu *Everts* aaO. Fn. 1 S. 50.

3. Rechtslage bei den gebräuchlichen Nachfolgeregelungen

Eine Bedrohung entsteht vor diesem Hintergrund für die als Nachfolgeregelung für den Erbfall in Personengesellschaften sehr verbreitete qualifizierte Nachfolgeklausel sowie die wohl weniger gebräuchlichen erbrechtlichen oder rechtsgeschäftlichen Eintrittsklauseln. In beiden Fällen muss der „qualifizierte" Miterbe – und mit ihm die Gesellschaft – sich auf Pflichtteilsansprüche oder –ergänzungsansprüche einrichten.

Klar ist zunächst, dass es bei einer im Vertrag vorgesehenen, also § 131 Abs. 3 Nr. 1 HGB abdingenden Auflösung der Gesellschaft zur Beteiligung der Erben – gegebenenfalls der Miterbengemeinschaft – an der Liquidationsgesellschaft und damit zu Pflichtteilsansprüchen übergangener Berechtigter gegen den oder die Erben kommt, die für diese Nachlassverbindlichkeit (§ 1967 Abs. 2 BGB) nach Maßgabe der §§ 2059 ff. BGB haften[30]. Bei einer bloßen Fortsetzungsklausel haben der oder die Erben des Verstorbenen einen Abfindungsanspruch, der in den Nachlass fällt, und nach dessen Wert sich auch etwaige Pflichtteilsansprüche richten. Hier kommt dann die im vorigen diskutierte Frage nach der Qualifikation einer Abfindungsbeschränkung als unentgeltliche Zuwendung zugunsten der verbliebenen Mitgesellschafter einschließlich eines etwa schon der Gesellschaft angehörigen Miterben und/oder Pflichtteilsberechtigten zum Tragen. Nun werden die Gesellschafter es bei einem abfindungslosen Ausscheiden ihrer sämtlichen Angehörigen nicht oft belassen wollen, sondern werden durch Nachfolgeklauseln den Erben oder – dann handelt es sich um die qualifizierte Nachfolgeklausel – einem von ihnen den Weg in die Gesellschaft öffnen, wo sie dann nach der insoweit zwingenden Vorschrift der Absätze 1 – 4 des § 139 HGB die Wahl haben, auszuscheiden, wenn ihnen die anderen Gesellschafter nicht gestatten, künftig als Kommanditisten beteiligt zu bleiben. Gesellschaftsrechtlich ist auch das zwingend, der Erblasser kann freilich durch letztwillige Verfügung bestimmen, dass die Erben von diesem Wahlrecht keinen Gebrauch oder nur einen ganz bestimmten Gebrauch machen dürfen[31] – eine gesellschaftsvertragliche Regelung kann dies aber nicht erreichen. Mit der Nachfolgeklausel, die bekanntlich als rechtsfortbildende Einrichtung einer Sondererbfolge

---

30 *Reich/Szczesny/Voß* § 14 Rn. 123.
31 GroßKomm/HGB/*Schäfer* § 139 Rn. 142.

Die Vermeidung von Pflichtteilsansprüchen durch gesellschaftsrechtliche Instrumente

gesehen werden kann[32], scheidet aber, wie nach einer langen Entwicklung mit allerlei Differenzierungen zur Nachlasszugehörigkeit gesagt werden kann, der Geschäftsanteil nicht aus dem Nachlass aus. Für die erbrechtliche Auseinandersetzung und Abrechnung gehört er in den Nachlass, wobei die Ausgleichsansprüche unter Miterben und die Pflichtteilsansprüche gem. § 2311 BGB nach dem wirklichen Wert des Anteils berechnet werden[33] – dies ist das schon eingangs entwickelte Dilemma, dem nur durch gesellschaftsvertragliche Abfindungsbeschränkungen, allerdings mit den erörterten Vorbehalten, in etwa begegnet werden kann.

Hier wird überlegt, ob dem Erben dadurch geholfen werden kann, dass man eine Abfindungsbeschränkung, die er nach dem Gesellschaftsvertrag bei seinem Ausscheiden hinnehmen müsste, auch für die Wertberechnung im Rahmen des Pflichtteils bzw. der Pflichtteilsergänzung anwendet[34]. Das setzt dann allerdings voraus, dass der Erbe entweder schon im Rahmen des § 139 Abs. 2 HGB oder gezielt zur Abfindung der Pflichtteilsansprüche ausscheidet[35], was also gerade nicht das ist, was die Gesellschafter und ihre Berater bei einer gesellschaftsvertraglichen Regelung des Todesfalls im Auge haben werden. Eine gesellschaftsvertragliche Regelung, nach der ein qualifizierter Erbe nur entsprechend seiner Erbquote in die Gesellschaft nachrückt, was dazu führen kann, dass die überlebenden Mitgesellschafter in Höhe der restlichen Erbquote eine Anwachsung ihrer Anteile erfahren, kann sogar zu Pflichtteilsansprüchen gegen diese führen[36]. Solche Regelungen sind aber anscheinend selten, ebenso hat die sogenannte rechtsgeschäftliche Nachfolgeklausel, die den Anteil des Verstorbenen durch Rechtsgeschäft unter Lebenden auf den Todesfall übergehen lässt, in der Praxis offenbar wenig Anklang gefunden. Sie verschiebt aber die erbrechtliche Lage insoweit etwas, als der Übergang unter Lebenden, mag er auch formal unter § 2301 BGB fallen, den Anteil am Nachlass vorbei auf den Erwerber übergehen lässt, so dass keine Pflichtteilansprü-

---

32 BGHZ 22, 186, 192; 58, 316; *Wiedemann* in FS Großfeld, 1999, S. 1313; *H.P. Westermann*, Handbuch der Personengesellschaften, Rn., I 1231.
33 *Reich/Szczesny/Voß* § 14 Rn. 141, 142; GroßKomm/HGB/*Schäfer* § 139 Rn. 159; *v. Dickhut-Harrach* Fn. 19 § 61 Rn. 66.
34 Dafür *Wiedemann,* Übertragung und Vererbung, S. 207, 217 f.; *Reimann*, ZEV 1994, 7, 10; *v. Dickhut-Harrach* aaO. Fn. 19 § 61 Rn. 67; H.P. *Westermann* Handbuch der Personengesellschaften Rn. I 1284; *Sudhoff*, DB 1973, 53; 1973, 1006; für eine Berücksichtigung des Abfindungswerts bei einem alsbaldigen Ausscheiden des Erben auch *Winkler*, BB 1997, 1697.
35 GroßKomm/HGB/*Schäfer* § 139 Rn. 164.
36 Reich/*Szczesny/Voß* § 14 Rn. 162.

che, wohl aber Pflichtteilsergänzungsansprüche bestehen[37]. Wieder anders bei der gesellschaftsvertraglichen Eintrittsklausel, deren bürgerlich-rechtliche Konstruktion ja nicht ganz geklärt ist[38]: Tritt der Berechtigte als Gesellschafter ein, so ist auch dieser Vorgang wieder als Geschäft unter Lebenden außerhalb des Nachlasses zu betrachten; ob es einen Pflichtteilsergänzungsanspruch gibt, hängt dann davon ab, wie es mit der Abfindung des oder der kraft Gesellschaftsrechts ja nicht automatisch nachgerückten Erben gehandhabt werden soll. Wenn ein Abfindungsanspruch in den Nachlass gefallen ist, können Pflichtteilsansprüche erhoben werden, ist eine Abfindung ausgeschlossen, läuft es wieder auf eine Pflichtteilsergänzung hinaus[39]. Macht der Eintrittsberechtigte von seinem Recht keinen Gebrauch, so kann eine daraus folgende Anwachsung bei den verbleibenden Mitgesellschaftern zu Ergänzungsansprüchen nach den allgemeinen Grundsätzen führen.

4. Die Behandlung von Vorempfängen

Für den Referenten, der nach gesellschaftsrechtlichen Instrumenten zur Pflichtteilsreduzierung suchen sollte, sind die bisherigen Ergebnisse ernüchternd, da praktisch nur ein radikaler und alle Gesellschafter gleichmäßig treffender Abfindungsausschluss im Todesfall einigermaßen klare Verhältnisse schafft. Wahrscheinlich ist dies der Grund für die ja nicht seltenen Versuche, das Problem durch lebzeitige Zuwendungen des Gesellschafters an einen Pflichtteilsberechtigten zu lösen, wobei die dann nach § 2315 BGB nötige Anrechnungsbestimmung des Zuwendenden, wie ich einige Male erfahren habe, manchmal auch vergessen wird, wie es bekanntlich auch bei der Ausgleichung von Vorempfängen unter Miterben durch Unterlassung einer Anrechnungsanordnung gem. § 2050 BGB vorkommt. Jedenfalls genügen hierfür Vereinbarungen zwischen dem künftigen Erblasser und den bedachten Abkömmlingen, die ja keine letztwillige Verfügung darstellen, allein nicht[40]. Auf das steinige und gleichzeitig

---

[37] Auch dazu *Reich/Szczesny/Voß* § 14 Rn. 68; *v. Dickhut-Harrach* aaO. Fn. 19 § 61 Rn. 65.
[38] Näher *H.P. Westermann*, Handbuch der Personengesellschaften, Rn. I 1243 ff.
[39] *Reich/Szczesny/Voß* § 14 Rn. 184 – 186; zur pflichtteilsrechtlichen Behandlung wie hier *Everts* aaO. Fn. 1 S. 56 f.; MünchKomm/BGB/*Lange* § 2325 Rn. 33; krit. allerdings *Kohl*, MDR 1995, 865, 872; *Worm,* RNotZ 2003, 535, 543.
[40] Näher *H.P. Westermann* aaO. Fn. 1 S. 65 f.

schlüpfrige Feld der Behandlung von Vorempfängen eines Pflichtteilsberechtigten begebe ich mich schon in Kenntnis der Schwierigkeiten der hier u.U. auftretenden Rechenaufgaben in dem wichtigen BGH-Fall nicht, der es mit den Pflichtteilsansprüchen eines zu Lebzeiten der Erblasserin mit deren Einzelhandelsgeschäft ausgestatteten Sohnes zu tun hatte, die er Jahre später, nach dem Untergang des besagten Handelsgeschäfts, gegen seine mit dem nichtunternehmerischen Teil des Nachlasses als Erbin bedachte Schwester erhoben hatte[41]. Ich habe dazu schon früher meine Besorgnis eingestanden, an den Ansprüchen, die dieser Fall an die mathematische Befähigung eines mit ihm Befassten stellt, zu scheitern; bei meiner heutigen These stehen diese Probleme aber zum Glück etwas am Rande.

Vorempfänge können auch einer „Ausstattung" dienen, worunter etwas anderes zu verstehen ist als der nach § 2311 Abs. 1 S. 2 BGB bei der Berechnung des Ehegattenpflichtteils außer Ansatz bleibende sogenannte Voraus, nämlich eine von Eltern einem Kind im Hinblick auf die Erlangung einer selbständigen Lebensstellung ohne diesbezügliche Pflicht gewährte Zuwendung. Sie gilt nach § 1624 Abs. 1 BGB nur insoweit als Schenkung, als sie das den Vermögensverhältnissen der Eltern entsprechende Maß übersteigt, in welchem Fall auch wieder Pflichtteilsergänzungsansprüche ausgelöst werden können. Die Ausstattung ist nach § 2315 BGB auf den Pflichtteilsanspruch des Ausgestatteten selbst anzurechnen. Auch ist hierbei an die in § 2316 Abs. 1, 3 BGB angeordnete Erhöhung der Pflichtteile der anderen Angehörigen zu denken[42]. Derartige Maßnahmen bringen also für eine echte Reduzierung der Pflichtteilslast eines Gesellschafter/Erben kaum etwas.

5. Zur Einschaltung einer Stiftung

Lieber wende ich mich deshalb einem möglichen Lösungsweg zu, der offenbar in neuerer Zeit in Unternehmerkreisen versucht worden ist, den man allerdings nicht ohne weiteres der von mir bisher betrachteten mittelständischen Wirtschaft zurechnen wird, nämlich der Erbeinsetzung von Stiftungen. Dies mag einen Grund in der Vorstellung haben, dass eine sol-

---

41 Zum Urteil BGH NJW 2010, 2977 s. *Keim*, ZEV 2010, 190; *Kroppenberg*, JZ 2010, 741; *H.P. Westermann*, aaO Fn 1 S. 65 f.
42 Näher zu den Folgen *Worm* RNotZ 2003, 535 ff.; s. auch *Sailer*, NotBZ 2003, 81, 85; *Everts* aaO. Fn. 1 S. 44.

che Entscheidung jedenfalls zugunsten einer gemeinnützigen Stiftung es ermöglichen könnte, an den Folgen der Unentgeltlichkeit vorbeizukommen, auch weil der gegen eine solche Erbin mit Pflichtteils- oder Pflichtteilsergänzungsansprüchen vorgehende Angehörige des Erblassers auf den Argwohn stoßen könnte, die höherwertigen Ziele der Stiftung wegen seiner privaten Geldforderungen zu gefährden.

In einem etwas zurückliegenden Urteil hat das LG Baden-Baden ein Ausstattungsversprechen des Stifters zugunsten seiner Stiftung unter den Schenkungsbegriff des § 2314 BGB (analog) subsumiert und die Stiftung für verpflichtet gehalten, nach § 2325 Abs. 2 BGB nicht nur über unentgeltliche Zuwendungen an sie selbst, sondern auch über vor ihrer Errichtung stattgefundene Zuwendungen an Dritte Auskunft zu erteilen[43]. Generell können Ausstattungen und Zustiftungen an eine bereits bestehende Stiftung einer Pflichtteilsergänzung unterliegen[44]. Die Einrichtung einer Stiftung mit ihrer anfänglichen Ausstattung ist zwar keine Schenkung, aber mit der Anwendung des § 2325 BGB ist dennoch zu rechnen[45]. Auch die in § 2330 BGB vorgesehene Ausnahme von Pflicht- undAnstandsschenkungen aus dem Anwendungsbereich der §§ 2325, 2329 BGB soll hier nicht eingreifen, vor allem auch dann nicht, wenn über die Stiftung regelmäßig Ausschüttungen an Angehörige erfolgen[46]. Diese wohl ganz herrschend akzeptierten Einsichten nehmen also auch der Aufnahme einer dazu dienenden Familienstiftung in den Gesellschafterkreis einer Personengesellschaft oder GmbH den Reiz – aber auch das Odium einer Beeinflussung von Pflichtteils- oder Pflichtteilsergänzungsansprüchen. Ein Anlass, hierauf im heutigen Zusammenhang einzugehen, ergab sich aber aus dem ersten sogenannten Suhrkamp-Urteil (des BGH), das es mit den Pflichtteilsansprüchen des erstehelichen Sohnes des verstorbenen Verlegers Unseld gegen eine von ihm als Alleinerbin eingesetzte Stiftung zu tun hatte, allerdings nicht wegen der Gründung oder Erstausstattung dieser Stiftung, sondern wegen der lebzeitigen Zuwendung einer Unterbeteiligung an dem Gesellschaftsanteil des Erblassers. Ich gehe darauf etwas später ein, wenn ich vorab die Möglichkeiten behandelt habe, durch Ein-

---

43 ZEV 1999, 152 mit Anm. *Rawert* = FamRZ 1999, 1465.
44 BGH ZErbR 2004, 129; *Rawert*, NJW 2002, 3151; *Schiffer*, NJW 2004, 1565; MünchKomm/BGB/*Lange* § 2325 Rn. 42.
45 MünchKomm/*Lange* ebenda unter Hinweis auf das Urteil LG Baden-Baden aaO. Fn. 39.
46 MünchKomm/*Lange* aaO.; zum Ganzen siehe auch *Cornelius*, ZErbR 2005, 230, 232; *Röthel*, ZEV 2005, 89.

richtung von Unterbeteiligungen, die ja auch durch den Gesellschaftsvertrag vorbereitet sein kann, die Pflichtteilslast eines in die Mitgliedschaft des Erblassers eingerückten Erben zu erleichtern.

6. Lösungsmöglichkeiten über Unterbeteiligungen

Die oben erwähnte Notlage bei der Gewinnung von Unternehmer-Nachwuchs in mittelständischen, hauptsächlich Familienunternehmen, hat das Institut der Unterbeteiligung in den Mittelpunkt des Interesses als Instrument der Nachfolgeregelung gerückt, was nicht zuletzt auch durch steuerrechtliche Gegebenheiten (Stichwort: Mitunternehmerschaft) verursacht ist[47]. Über die gesellschaftsrechtliche Grundkonstruktion besteht weitgehend Einigkeit: es handelt sich um eine BGB-Innengesellschaft (keine Geheimgesellschaft), die durch Vertrag zwischen einem Hauptbeteiligten und dem oder den Unterbeteiligten zustande kommt (wobei umstritten ist, ob es sich bei Beteiligung mehrerer um eine oder mehrere Unterbeteiligungen handelt[48]). Obwohl also die Unterbeteiligung gesellschaftsrechtliche Beziehungen nur zwischen dem Hauptbeteiligten (der selber die Mitgliedschaft innehat) und den Unterbeteiligten herstellt, ist verbreitet davon die Rede, dass der Erblasser hier durch letztwillige Verfügung die Weichen stellen soll. Davor müssen allerdings noch andere Überlegungen angestellt werden, wenn ein Gesellschafter damit rechnet, dass nach seinem Tod mehrere Angehörige, die in unterschiedlichem Grad mit ihm verwandt sind, also etwa auch ein überlebender Ehegatte sowie Abkömmlinge (möglicherweise auch aus mehreren Ehen) erbrechtlich zu versorgen sind.

Da die Erbquote jedes dieser Prätendenten auch bei einer Nachfolgeklausel nicht zwingend die Höhe der Gesellschaftsbeteiligung bestimmt, es vielmehr sein kann, dass ein „qualifizierter" Nachfolger den Anteil des Erblassers ganz erwirbt, obwohl seine Erbquote nur einen Bruchteil aus-

---

47 Hierzu und zum folgenden eingehend *Kühne/Rehm*, NZG 2013, 561 ff.; dort auf Seite 562 auch zum steuerrechtlich motivierten Unterschied zwischen typischer und atypischer Unterbeteiligung; ebenso MünchKomm/HGB/*K. Schmidt* § 230 Rn. 207; *Staudinger/Habermeier* vor § 705 Rn. 64; Soergel/*Hadding/Kießling* vor § 705 Rn. 33. Zur Unterbeteiligung als GbR noch MünchKomm/HGB/*K. Schmidt* § 230 Rn. 196.
48 Für Mehrheit von Unterbeteiligungen BGH NZG 2011, 276; *K. Schmidt*, NZG 2011, 361 ff.

macht[49], muss dieser mit Ausgleichsansprüchen der anderen Erben, und wenn hiervon einer oder mehrere durch Enterbung ausgeschlossen sind, eben mit deren Pflichtteilsansprüchen rechnen, die ihn, wenn es bei der Berechnung des Anteils nach Verkehrswerten bleibt, stark belasten können. Es kann sogar vorkommen, dass aufgrund der Qualifikationsanforderungen des Gesellschaftsvertrages nur ein Teil der Angehörigen in die Gesellschaft nachrücken kann und dann entsprechend der Erbquote beteiligt wird; – dann kann es zu einer Anwachsung bei den verbliebenen Gesellschaftern kommen[50], die auch für diese einen Blick auf etwaige Pflichtteilsergänzungsansprüche angeraten erscheinen lässt. Dann ist in der Tat zu überlegen, ob derartige Ansprüche nicht ganz oder teilweise durch Einräumung einer Unterbeteiligung der nicht zur Nachfolge Berufenen am Anteil des in die Position des Erblassers Nachgerückten erfüllt werden können; es handelt sich hier also nicht um eine Pflichtteilsreduzierung oder gar -vermeidung, sondern um ein Mittel, die Erfüllung bestehender Pflichtteils- oder Ergänzungsansprüche in einer Weise zu gestalten, die für den Erben, also auch einen „qualifizierten" Nachfolger, etwas leichter zu tragen ist als eine sofortige Auszahlung in Geld.

Wenn mit Gewinnen aus dem Anteil zu rechnen ist, mag es tatsächlich möglich erscheinen, dass die Gewinnbeteiligung für Miterben und Pflichtteilsberechtigte in einiger Zeit ihre erbrechtlichen Ansprüche abgelten kann; man wird in solchen Fällen die Unterbeteiligung – was möglich ist[51] – beenden, wenn ein Anspruchsinhaber befriedigt ist und aus der Innengesellschaft ausscheidet. Aber dieses Eintreten und Ausscheiden aus der Unterbeteiligungsgesellschaft, mindestens aber die Anrechnung der Erträgnisse auf die erbrechtlichen Ansprüche, bedarf einer erbrechtlichen Grundlage, die in einem Vertrag unter den direkt Beteiligten bestehen kann, zu dessen Abschluss der seine Nachfolge planende Gesellschafter durch Vermächtnis oder Auflage veranlassen kann. Einfacher ist dies, wenn der Gesellschafter zu Lebzeiten die Prätendenten als Unterbeteiligte aufgenommen hat, wobei er selber und später sein „qualifizierter" Nachfolger die Hauptbeteiligung innehat[52]. Es muss dann allerdings durch eine Regelung im Unterbeteiligungsvertrag dafür gesorgt werden, dass der Tod des bisherigen Gesellschafters als des Hauptbeteiligten nicht, was aus § 727

---

49 Siehe den Fall BGH NJW 1977, 1339, 1342.
50 Dazu *Klöhn* in: Henssler/Strohn § 139 HGB Rn. 18.
51 MünchKomm/HGB/*K. Schmidt* § 234 Rn. 64.
52 Von dieser Konstellation gehen *Kühne/Rehm* aaO. S. 564 ff. aus.

BGB sonst folgen würde, die Auflösung der Unterbeteiligungsgesellschaft zur Folge hat[53].

Das Konzept geht freilich nur auf, wenn sich ein Pflichtteilsberechtigter, der ja nach dem Gesetz Zahlung in Geld ohne allzu großen zeitlichen Aufschub fordern kann, auf diese Art der Abfindung einlassen muss. Hatte bereits der seine Nachfolge planende Gesellschafter Pflichtteilsberechtigte als Unterbeteiligte unentgeltlich aufgenommen[54], so kann er durch eine Anrechnungsbestimmung gem. § 2315 BGB, die auch wirkt, wenn dieser Wert beim Erbfall im Vermögen des Pflichtteilsberechtigten nicht mehr vorhanden ist[55], die Pflichtteilslast desjenigen mindern, der als Hauptbeteiligter an seine Stelle tritt und dabei oberhalb seiner Erbquote beteiligt wird. Wenn ein Pflichtteilsberechtigter dagegen erst beim Tod des Gesellschafters eine Unterbeteiligung an dem Anteil des „qualifizierten" Gesellschafter/Erben durch Vermächtnis erhalten soll, sind noch einige mögliche Hindernisse zu bedenken, so die Möglichkeit der Ausschlagung dieses Vermächtnisses (§ 2307 BGB), die insbesondere im Bereich des § 2306 BGB nicht ausgeschlossen werden kann[56]. Im Hinblick auf einen überlebenden Ehegatten lenkt dies den Blick auf § 1371 Abs. 3 BGB, nach dem der Ehegatte das Vermächtnis ausschlagen und Zugewinnausgleich neben dem „kleinen" Pflichtteil fordern kann, stattdessen auch nach §§ 2305, 2307 Abs. 1 S. 2 BGB den Pflichtteilsrestanspruch bis zur Höhe des „großen" Pflichtteils[57]. Bestand die Unterbeteiligung bereits zu Lebzeiten des Erblassers, so kann er durch Teilungsanordnung die Beteiligungsverhältnisse nach seinem Tod regeln[58], kommt aber wiederum an etwaigen Pflichtteils- oder Pflichtteilsrestansprüchen nicht vorbei. Zu beachten ist weiter – das ist freilich kein auf Gesellschaftsanteile beschränktes Problem –, dass Zuwendungen, die bereits einer Ausgleichung nach § 2316 Abs. 2 BGB unterlagen, zur Vermeidung einer doppelten Befriedigung des Pflichtteilsberechtigten von der Pflichtteilsergänzung ausgenommen sein können[59]. Insgesamt ist eine einigermaßen lückenlose Regelung auch in

---

53 Dazu MünchKomm/HGB/*K. Schmidt* § 234 Rn. 65.
54 Zur Unentgeltlichkeit der Einräumung einer Unterbeteiligung ohne Haftungsübernahme *Klingelhöfer*, Pflichtteilsrecht, 2002, Rn. 339.
55 MünchKomm/BGB/*Lange* § 2315 Rn. 9.
56 Dazu *v. Dickhuth-Harrach*, aaO. Fn. 19, § 4 Rn. 3.
57 MünchKomm/BGB/*Lange* § 2304 Rn. 12.
58 *Kühne/Rehm* aaO. S. 567; das muss dann allerdings nach dem Erbfall noch vertraglich umgesetzt werden.
59 Zum Grundsatz und zu den Ausnahmen *H.P. Westermann* aaO. Fn. 1 S. 68 f.

diesem Bereich nur durch Pflichtteilsverzichte erreichbar, die dann gewöhnlich besonders abgegolten werden müssen; auf die Vielfalt möglicher Gestaltungen, die es hierbei gibt[60], kann hier aus Zeitgründen nicht eingegangen werden.

Bei der Gestaltung der Unterbeteiligung darf auch der Gesellschaftsvertrag der Hauptgesellschaft nicht außer Acht gelassen werden. Zwar bedarf es zur Begründung keiner Zustimmung der Mitgesellschafter des Erblassers[61], wenn nicht der Gesellschaftsvertrag die Bildung einer Unterbeteiligung verbietet[62]. Hinsichtlich der Ausgestaltung des Unterbeteiligungsvertrages im Einzelnen ist es allerdings zweckmäßig, die Regelungen des „Hauptgesellschaftsvertrages", etwa über Vertragsdauer, Kündigungsmöglichkeiten, Informationsrechte oder gar Mitwirkungsrechte von Unterbeteiligten an der Willensbildung in der Hauptgesellschaft, zu beachten[63]. Das letztere gilt natürlich in besonderem Maße, wenn eine sogenannte atypische Unterbeteiligung vorgesehen ist, bei der die Unterbeteiligten schuldrechtlich zur Mitsprache bei Entscheidungen des Hauptbeteiligten in der Hauptgesellschaft berechtigt sind auch an den Wertveränderungen des Anteils beteiligt werden.

7. Die Stiftung als Unterbeteiligte

Dies lenkt dann den Blick noch einmal auf den inzwischen sogenannten Suhrkamp-Fall des BGH[64], bei dem eine als Erbin vorgesehene, bei Vertragsabschluss allerdings noch nicht entstandene Stiftung eine Unterbeteiligung am Anteil des künftigen Erblassers erhalten sollte, was den pflichtteilsberechtigten Sohn des Erblassers zu der für seinen Pflichtteil wichtigen Behauptung veranlasste, dass die Unterbeteiligung in den Nachlass gefallen und daher bei der Berechnung des Pflichtteilsanspruchs zu berücksichtigen sei. Diese Annahme bekämpfte die Stiftung mit einer Feststellungsklage.

---

60 Sehr eingehend dazu *Mayer* in: Die Verträge der Familienunternehmen, 2013, S. 71 ff.
61 OLG Frankfurt GmbHR 1992, 668; MünchKomm/BGB/*Ulmer/Schäfer* vor § 705 Rn. 97; MünchKomm/HGB/*K. Schmidt* § 230 Rn. 221.
62 BGH GmbHR 2002, 875; MünchKomm/HGB/*K. Schmidt* aaO.
63 *Kühne/Rehm* aaO. S. 563; *Paulick*, ZGR 1974, 253, 269.
64 BGH ZIP 2012, 326 – Siegfried-Unseld-Stiftung.

Die Überlegungen des Erblassers, des bekannten Verlegers Siegfried Unseld, und seiner Berater zu der gesellschaftsrechtlichen Konstruktion und ihren erbrechtlichen Folgen erschließen sich, wenn man die personelle Konstellation kennt: Die als Erbin eingesetzte Stiftung war vom Erblasser und seiner Ehefrau – wohl nicht der Mutter des Sohnes – errichtet worden, Vorstand war – und ist – diese Ehefrau. Die Stiftung wurde Erbin des Gesellschaftsanteils, eine weitere, offenbar ähnlich strukturierte Stiftung (fast gleichen Namens oder sogar diese selber)[65] sollte durch Vertrag zu Lebzeiten des Erblassers eine Unterbeteiligung am Anteil erhalten, wobei zunächst noch ein Treuhänder für die Rechte dieser Stiftung eingesetzt werden musste, bis sie durch Genehmigung entstanden war. Eine Besonderheit war, dass in dem Schenkungsvertrag, der vorsah, dass mit dem Erbfall die Hauptbeteiligung des Erblassers auf seine Erbin, also die erstgenannte Stiftung übergehen sollte, auch bestimmt war, dass der Hauptbeteiligte Siegfried Unseld als Geschäftsführer der Unterbeteiligung die Unterbeteiligte von besonderen Maßnahmen unterrichten, sie anhören sollte und auch gehalten war, bei besonderen Geschäften entsprechend § 116 Abs. 2 HGB ihre Zustimmung einzuholen. Die Zuwendung stand unter der doppelten Bedingung der Genehmigung des Stiftungsgeschäfts und des Todes des Erblassers. Eine weitere Besonderheit, die im BGH-Urteil nicht angesprochen, aber dem Berufungsurteil zu entnehmen ist[66], bestand in der Bestimmung, dass die Unterbeteiligung mit dem Tod des Hauptbeteiligten enden sollte, so dass im Zeitpunkt des Entstehens der Rechte aus der Schenkung die Unterbeteiligung auch wieder verschwand.

Die Fragestellung, unter der der Streit zwischen der Stiftung und dem Sohn des Erblassers zu entscheiden war, ging dahin, ob nach dem Abschluss des Schenkungsvertrages, also vor Eintreten der erwähnten Bedingungen, der Unterbeteiligungsvertrag im Sinne des § 2301 Abs. 2 BGB als vollzogen zu betrachten war. Hierfür hätte dem BGH die Einbuchung der Hauptbeteiligung in die Bücher der Unterbeteiligungsgesellschaft – wenn es solche überhaupt schon gab – nicht genügt. Der BGH bejahte einen Vollzug aber wegen der Einräumung der über eine bloß schuldrechtliche Mitberechtigung an den aus dem Gesellschaftsanteil fließenden Rechten hinausgehenden mitgliedschaftlichen Rechte in der Unterbeteiligungsgesellschaft. Im Schrifttum wurde bis dahin bisweilen bereits der Abschluss

---

65 Hiervon geht auch *Everts* aaO. (Fn. 1 S. 59) aus.
66 OLG Frankfurt v. 13.11.2008 – 1 U 127/07; auf der Lektüre dieses Urteils beruhen teilweise meine Überlegungen in ZIP 2012, 1007 ff.

des Unterbeteiligungsvertrages als Vollzug angesehen[67], was aber umstritten war[68]; der BGH hat für die Klärung der Streitfrage gesorgt, die für die Frage der Wirksamkeit der Unterbeteiligung und ihre Auswirkungen auf die Pflichtteilsberechnung wichtig ist. Dafür hat er Zustimmung gefunden[69], und es leuchtet auch ein, dass die bei der atypischen Unterbeteiligung entstehende Stellung eines „Als-ob-Gesellschafters" mehr ist als eine bloße Anwartschaft. Zweifel an dieser Sichtweise könnten sich aber aus dem erwähnten Umstand ergeben, dass die Mitwirkungsrechte der Unterbeteiligten, auch wenn für sie ein Treuhänder bestimmt war, vor dem Erbfall nicht zum Tragen kommen konnten und mit dem Erbfall automatisch verschwanden, so dass die Stellung eines „Als-ob-Gesellschafters" eigentlich gar nicht realisiert wurde[70]. Allerdings sollte der Unterbeteiligten nach Beendigung der Unterbeteiligung auch ein Abfindungsanspruch zustehen, aber dies war ein rein schuldrechtlicher Anspruch[71].

Die Kautelarjuristen, die sich diese Konstruktion ausgedacht haben und damit das beabsichtigte Ziel erreichten, verdienen für Scharfsinn und Innovation Bewunderung. Die Instanzgerichte und der BGH brauchten sich freilich nicht mit dem – nach Darstellung des Berufungsgerichts nicht eingeklagten – Pflichtteilsergänzungsanspruch zu befassen; inzwischen war zu hören, hierüber hätten sich die Parteien verständigt. Im Rahmen meines Referats über Pflichtteilsvermeidung durch gesellschaftsrechtliche Instrumente musste aber jedenfalls auf diesen Kunstgriff aufmerksam gemacht werden.

III. Lösungen zur Fernhaltung von Pflichtteilsberechtigten

1. Lösungen über die Nachfolgeklausel

Bisher habe ich, vom Suhrkamp-Fall abgesehen, sicher kaum Gestaltungen vorstellen können, die nicht in vielfachen Varianten erprobt und bekannt waren. Es lag daher nahe, einmal weitergehend über Lösungen nachzudenken, die nicht nur an den Voraussetzungen sowie am Umfang

---

67 *Wiedemann*, GesR II § 2 II 4 c; Staudiner/*Wimmer-Leonhard*, § 518 Rn. 41.
68 *Schneider*, DB 1954, 729; Soergel/*Hadding/Kießling* § 705 Rn. 12.
69 *Blaurock*, NZG 2012, 521; zu dem Urteil auch *Reimann*, ZEV 2012, 169.
70 Fragen von *H.P. Westermann* aaO. Fn 66 S. 1009.
71 Gegen die Gegenleistungsfreiheit der Zuwendung unter diesen Überlegungen *Everts* aaO. Fn. 1 S. 59.

des Pflichtteils- und des Pflichtteilsergänzungsanspruchs ansetzen, sondern einem Gesellschafter/Erben und den nach dem Erbfall verbliebenen Gesellschaftern den oder die Pflichtteilsberechtigten gewissermaßen vom Halse halten.

Das hört sich unfreundlich an, aber man soll sich nichts vormachen: Maßnahmen zur Pflichtteilsvermeidung können nicht nur dem Ziel gedient haben, das Unternehmen oder den Haupterben vor einer finanziellen Schwächung zu bewahren, sondern können handfesten Streitigkeiten zwischen dem Erblasser und einem privilegierten Miterben auf der einen Seite und einem Pflichtteilsberechtigten auf der anderen Seite entspringen. Im Suhrkamp-Fall hatte der beklagte Sohn des Erblassers, wie wiederum dem Berufungsurteil zu entnehmen ist, dies auch vorgetragen, und auch in dem oben erwähnten Fall des mit dem Einzelhandelsgeschäft der Erblasserin bedachten Sohnes, der später Pflichtteilsrechte gegen die am übrigen Nachlass allein berechtigten Erbinnen, seine Schwester und seine Nichte, erhob, dürfte Geschwisterliebe oder Respekt vor den Wünschen der Erblasserin ziemlich kleingeschrieben worden sein. Auch in den hier gelegentlich auftauchenden Patchwork-Familien ist allseitiges Einvernehmen ja nicht unbedingt die Regel. Wer in einem solchen Zusammenhang einseitig durchgreifende Lösungen zur Sprache bringt, muss sich also, selbst wenn die erörterten Konzeptionen rechtstechnisch aufgehen, auf harte Inhaltskontrolle unter allgemein-rechtlichen Gesichtspunkten einstellen.

Bekanntlich werden manche familien- und erbrechtlichen Probleme durch die Fassung der qualifizierten Nachfolgeklausel im Gesellschaftsvertrag gelöst. Im Vordergrund steht die bekannte, jedoch vielen suspekte Bestimmung, dass Gesellschafter/Erbe oder auch durch Nachfolge unter Lebenden Eintretender nur werden kann, wer für sein Erbe den gesetzlichen Güterstand, damit vor allem § 1365 BGB, ausgeschlossen hat[72]. Wir kennen auch Qualifikationen zu Lasten eines Erben, der einen Anhänger einer falschen Konfession oder einer bestimmten politischen Partei geheiratet hat oder selber geworden ist, was zwar nicht unbedingt außerhalb unternehmerischer Erwägungen gelegen haben muss[73], aber doch einiges Unbehagen auslöst. In diesem Sinne könnte man sich vorstellen, dass im

---

72 Dazu *Brambring*, DNotZ 2008, 724; MünchKomm/BGB/*Koch* § 1365 Rn. 68; *H.P. Westermann* in: Westermann/Wertenbruch, Handbuch der Personengesellschaften, Rn. I 1236; zur Kontrolle unter verfassungsrechtlichen Gesichtspunkten besonders *Angerer*, Schranken gesellschaftsrechtlicher Gestaltungsfreiheit bei Eingriffen in die Privatsphäre, 1993, S. 88 f.

73 Hierzu näher *H.P. Westermann* in FS Stilz, 2014, S. 689, 702.

Gesellschaftsvertrag bestimmt wird, dass persönlich haftender Gesellschafter oder überhaupt Gesellschafter nur werden kann, wer nachweisen kann, dass alle in Betracht kommenden pflichtteilsberechtigten Angehörigen des Erblassers auf ihren Pflichtteil verzichtet haben, vielleicht – in Verbindung mit einer Abfindungsbeschränkung – auch nur auf etwaige Pflichtteilsergänzungsansprüche gegenüber den Mitgesellschaftern des Erblassers, was als Regelung im Pflichtteilsverzichtsvertrag mit dem Erblasser freilich nicht ganz unproblematisch sein könnte[74]. Auf eine solche Regelung im Gesellschaftsvertrag könnten auch die Mitgesellschafter eines kinderreichen oder in einer Patchwork-Familie lebenden Partners drängen.

Man erschrickt sich ein wenig, wenn man an die Gesichter derjenigen denkt, die eine solche Vertragsklausel den Vertragsschließenden nahebringen oder ihre Gültigkeit später vor Gericht verteidigen sollen. Andererseits wird der Pflichtteilsverzicht als das effektivste Mittel gefeiert, den Pflichtteil als Störfaktor einer Nachfolgeplanung zu beseitigen[75]. Allerdings muss i.d.R. der Erblasser oder der durch den Verzicht Begünstigte, im Gesellschaftsrecht also der „qualifizierte" Nachfolger, einen Ausgleich leisten, wenn nicht die Verzichtenden aus unternehmensfreiem Vermögen befriedigt werden können. Soweit es darum geht, das Unternehmen vor einer zu hohen Pflichtteilslast des Gesellschafter/Erben zu bewahren, wird an die Einräumung einer stillen Beteiligung an den Pflichtteilsberechtigten gedacht[76] – das würde für die hier näher behandelte Unterbeteiligung wohl ebenso gelten. Im Übrigen kann der Pflichtteilsverzicht gegenständlich auf einen bestimmten Nachlassgegenstand beschränkt werden[77], also etwa auf den Gesellschaftsanteil, was dann, wenn die Pflichtteilsberechtigten eine Befriedigung aus dem sonstigen Nachlass realistisch erwarten können, auch in der Nachfolgeklausel berücksichtigt werden könnte. In diesem Rahmen kommt dann auch ein Pflichtteilsverzichtsvertrag des Inhalts in

---

74 Zur Erstreckung eines Pflichtteilsverzichts auf den Ergänzungsanspruch Staudinger/*Schotten* § 2346 Rn. 30; *Mayer* aaO. Fn. 60. S. 79; MünchKomm/BGB/*Wegerhoff* § 2346 Rn. 20; *Obergfell* aaO. Fn. 4, S. 20.
75 *Mayer* aaO. Fn. 60 S. 76 unter Hinweis auf *Horn*, ZErbR 2008, 411; *Damrau*, BB 1970, 466, 469; *Abele/Klinger/Maulbetsch*, Pflichtteilsansprüche reduzieren und vermeiden, 2010.
76 *Mayer* aaO. Fn. 60 S. 76.
77 Auch dazu *Mayer*, ZEV 2000, 263; MünchKomm/BGB/*Wegerhoff* § 2346 Rn. 19, 20; Palandt/*Weidlich* § 2345 Rn. 15.

Betracht, dass der Berechtigte sich eine an sich nicht anrechnungspflichtige Zuwendung anrechnen lässt[78].

Ganz wasserdicht sind auch derartige Lösungen allerdings nicht, da sich im Hinblick auf Pflichtteilsverzichtsverträge eine gerichtliche Inhaltskontrolle, wie sie verschiedentlich gefordert wird[79], durchsetzen könnte, besonders, wenn wirtschaftlicher Druck in Richtung auf einen Verzicht ausgeübt worden ist[80]. Wirtschaftlich gesehen, kann im Übrigen die Lösung über eine qualifizierte Nachfolgeklausel, die ja gewöhnlich für alle Gesellschafter gelten wird, nicht funktionieren, wenn nicht bei allen Gesellschaftern die menschliche und finanzielle Möglichkeit für die Regelungen mit „weichenden Erben" und den Pflichtteilsberechtigten effektiv besteht. Weniger einschneidend, aber ebenso von einer allseitigen Verständigung im Kreis der am Nachfolgefall Interessierten abhängig wäre eine im Gesellschaftsvertrag vorgesehene Verpflichtung eines Gesellschafter/Erben, zumindest die Pflichtteilsberechtigten aufgrund eines in seinem wesentlichen Inhalt ebenfalls vorgesehenen Vertrages als Unterbeteiligte zu akzeptieren.

2. Maßnahmen gegen die Erhebung von Pflichtteilsansprüchen

Um zum Schluss zu kommen, muss noch einmal auf die Konstellation eingegangen werden, in der der Versuch einer Reduzierung oder Beseitigung von Pflichtteilsansprüchen auf Streit oder Abneigung gegen den Berechtigten beruht. Einen derartigen Fall habe ich in einem Festschriftaufsatz unter dem Titel „Der strafende und disziplinierende Erblasser" dargestellt, ich kannte das Geschehen aus einem – die erbrechtlichen Fragen nicht betreffenden – Schiedsgerichtsverfahren, war aber nicht der „Erfinder" der später streitig gewordenen letztwilligen Verfügung[81].

Der Erblasser und seine Ehefrau, die keine eigenen Kinder hatten, hatten einen erwachsenen Neffen adoptiert, der im Zuge vorweggenommener Erbfolge erhebliche Anteile an dem vom Vater aufgebauten Unternehmen und die wesentlichen vom Unternehmen mietweise genutzten Grundstücke

---

78 Auch hierzu MünchKomm/BGB/Wegerhoff § 2346 Rn. 20 unter Hinweis auf *Haegele*, NotBZ 1971, 40; Beispiel im Urteil RGZ 71, 133, 136.
79 *Münch*, ZEV 2008, 571 ff.; *Weidlich*, NotBZ 2009, 158 f.; *Obergfell* aaO. Fn. 4, S. 20 ff.; im Einzelnen dazu MünchKomm/BGB/*Wegerhoff* § 2345 Rn. 35 a.
80 Zu den Maßstäben näher *H.P. Westermann* in FS Wiegand, 2005, S. 661, 678 f.
81 FS Wiegand, 2005, S. 661, 678.

erhalten hatte, so dass er eine gesellschaftsrechtlich sehr starke Stellung besaß. Leider kam es zu heftigen Streitigkeiten zwischen dem Sohn und seinem Adoptivvater, der deshalb dem Sohn unter Berufung auf eine Klausel des Gesellschaftsvertrages wegen Verletzung seiner dem Vater gegenüber bestehenden Pflichten einen Teil seiner Beteiligung wieder abzunehmen suchte. Die Vertragsklausel wurde von dem mit diesem Streit befassten Schiedsgericht als Vertragsstrafe qualifiziert und im Sinne der Klage dahin angewendet, dass dem Sohn ein kleiner Teil seiner Beteiligung genommen wurde[82], was natürlich die Unstimmigkeiten nicht beendete, sondern eher verschärfte. Im Testament des Vaters wurde dann ein Enkel, Sohn des Adoptivsohns, zum Vorerben eingesetzt, ein aus den Mitarbeitern des Unternehmens bestehender e.V. als Nacherbe, wobei als Nacherbfall die Geltendmachung oder freiwillige Befriedigung des Pflichtteilsanspruchs des Adoptivsohnes gegen seinen Sohn bestimmt war. Das sollte allerdings nicht zum Schaden des vom Adoptiv-Großvater an sich geschätzten Enkels gehen, der deshalb ein namhaftes Vermächtnis erhalten sollte. Zwischen dem Sohn und seinen Adoptiv-Eltern war streitig, ob die früheren Schenkungen auf den Pflichtteil anzurechnen waren, was, nachdem der Pflichtteilsanspruch geltend gemacht und gegen den Nacherben eingeklagt worden war, in einem vor den staatlichen Gerichten laufenden Rechtsstreit zu klären war. Im Testament war als Grund für die Verfügung ausdrücklich die vom Sohn verschuldete Zerrüttung des Verhältnisses zu den Eltern genannt, aber auch erwähnt worden, die langjährigen leitenden Angestellten hätten erklärt, bei Weiterführung des Unternehmens durch den Adoptivsohn würden sie ausscheiden.

Dem e.V. wurde nun vom Nachlassgericht ein Erbschein erteilt, im Streit um die Richtigkeit dieser Entscheidung wurde die Frage erörtert, ob eine letztwillige Verfügung dieses Inhalts wegen der Ausübung von Druck auf die persönliche Entscheidung, einen Pflichtteilsanspruch zu Lasten der Erbenstellung des eigenen Sohnes geltend zu machen, sittenwidrig sei. Das OLG Hamm sah dies nicht so, u.a. deshalb, weil angesichts der Höhe des Pflichtteilsanspruchs nachvollziehbare wirtschaftliche Überlegungen für oder auch gegen die Geltendmachung dieses Anspruchs sprechen konnten[83]. Dabei ist es dann – erbrechtlich gesehen – geblieben.

---

82 Strafdrohung ist dann der Verlust der Parität, *H.P. Westermann* aaO. S. 679.
83 OLG Hamm v. 11.1.2005 – 15 W 391/03; die Entscheidung ist offenbar nicht publiziert worden.

Natürlich ist der Fall singulär, aber er zeigt, dass eine auch ein Gesellschaftsverhältnis erfassende Streitigkeit unter Gesellschaftern durch eine letztwillige Verfügung einschneidend gelöst werden kann, wozu allerdings auch die gesellschaftsvertragliche Strafklausel beitrug, da der Sohn als Minderheits-Kommanditist nicht mehr maßgeblich in die Geschäftsführung eingreifen konnte, wenn er auch keineswegs rechtlos gestellt war. Die hier auch erfolgte Kontrolle einer testamentarischen Verfügung auf Sittenwidrigkeit hin ist bekanntlich keine Seltenheit, denselben Maßstäben muss sich eine gesellschaftsvertragliche Vertragsstrafe stellen, wozu dann auch die Kriterien der Unverhältnismäßigkeit i.S. des § 343 BGB treten. Dass um das Pflichtteil oft mit harten Bandagen gestritten wird, wissen wir; die immer wieder geäußerten Bedenken, ob das Pflichtteilsrecht eines gut situierten Abkömmlings oder Ehegatten rechtspolitisch so stark ausgestattet sein sollte, wie es im geltenden Recht der Fall ist[84], legen die Annahme nahe, dass die gesellschaftsrechtlichen wie die erbrechtlichen Instrumente, die hier besprochen wurden, in absehbarer Zeit nicht unangefochten bleiben werden.

IV. Schluss

Das war leider keine zierliche Schlusswendung, wie ich sie sonst gewöhnlich anzubringen versuche. Festzustellen ist nur, dass gesellschaftsrechtliche Konzeptionen zur Pflichtteilsvermeidung oder -reduzierung nicht ohne ständige Berücksichtigung erbrechtlicher Gegebenheiten eingesetzt werden können. Es bedarf auch immer einer grundlegenden und umfassenden Einzelfallbetrachtung durch die juristischen Berater der Gesellschafter, vor allem natürlich die Notare, ein Anspruch, der durch die dauernde Präsenz der steuerrechtlichen Probleme, die ja auch zu Recht in unserem Symposion vertieft behandelt worden sind, noch schwerer erfüllbar erscheint. Der Einsicht, dass die hiermit befassten Juristen in der Unternehmenspraxis verbreitet als professionelle Bedenkenträger unbeliebt sind[85],

---

84 Etwa von *Rawert*, Anm. zu LG Baden-Baden ZEV 1999, 153, wo es allerdings um die Qualifikation eines Ausstattungsversprechens an eine gemeinnützige Stiftung als Schenkung i.S. des § 2314 BGB gegangen war.
85 Zu den Gründen der Unbeliebtheit der Juristen *H.P. Westermann*, Über Unbeliebtheit und Beliebtheit von Juristen, 2. Aufl. 1987, S. 18 ff., 21 ff.

stellt sich hiermit auch der Referent, freilich in der Hoffnung, meine Zuhörer hiermit nicht infiziert zu haben.

Vorsorgevollmachten im gesellschaftsrechtlichen Kontext

*Frauke Wedemann**

I. Einführung

„Unternehmer werden nicht krank, erleiden keine Unfälle und sind bis ins hohe Alter körperlich und geistig topfit." Diese Einstellung ist bei Kleingewerbetreibenden, Einzelkaufleuten sowie Gesellschaftern von Personengesellschaften und GmbHs weit verbreitet.[1] Vorsorge für Unfall, Krankheit und Alter wird daher nur selten getroffen.[2]

Insbesondere bei Personengesellschaften und GmbHs birgt dieses Unterlassen jedoch außerordentliche Gefahren: Kann ein Gesellschafter, der keine Vorsorge getroffen hat, auf Grund einer psychischen Krankheit, einer körperlichen oder seelischen Behinderung seine Angelegenheiten nicht mehr selbst besorgen, so bestellt das Betreuungsgericht für ihn gemäß § 1896 Abs. 1 S. 1 BGB einen Betreuer, der seine organisatorischen Mitgliedschaftsrechte[3] und – soweit möglich[4] – seine Geschäftsführungsaufgaben wahrnimmt. Dies kann für den betroffenen Gesellschafter unerwünschte Konsequenzen haben. Möglicherweise wird eine Person zum

---

* Prof. Dr. Frauke Wedemann ist Inhaberin des Lehrstuhls für Bürgerliches Recht, Deutsches, Europäisches sowie Internationales Handels- und Gesellschaftsrecht an der Westfälischen Wilhelms-Universität Münster. Dem rws-Verlag sei für die Gestattung des Neuabdrucks dieses Beitrags gedankt, der zuvor in ZIP, 2013, 1508 erschienen ist.
1 Gleichsinnig *Heckschen*, NZG 2012, 10, 13.
2 Vgl. *Heckschen*, NZG 2012, 10, 13: „Der Anteil von Vorsorgevollmachten, die durch Unternehmer errichtet werden, dürfte aber im unteren Promille-Kreis liegen, und dies nicht nur bezogen auf die Gesamtzahl der registrierten Vorsorgevollmachten, sondern auch auf die Zahl der Unternehmer, die solche Vollmachten errichten."; *Langenfeld*, in: Münchener Vertragshandbuch, Band 6, 6. Aufl. 2010, Muster XIV 2 Anm. 1; *Müller*/Renner, Betreuungsrecht und Vorsorgeverfügungen in der Praxis, 3. Aufl. 2011, Rn. 951; *Stückemann*, in: FS Leinemann, 2006, S. 109.
3 Zur Ausübung organisatorischer Mitgliedschaftsrechte durch einen Betreuer unten Abschnitt III 3 a.
4 Hierzu unten Abschnitt IV 1, 2 a, b bb (3).

Betreuer bestellt, welche die Gesellschaftsangelegenheiten nicht in seinem Sinne fortführt. Darüber hinaus bestehen für die Mitgesellschafter sehr große Risiken. Sie können die Auswahl des Betreuers nicht steuern[5] und laufen daher Gefahr, mit einer unliebsamen Person kooperieren zu müssen.[6] Zudem bedarf der Betreuer für einige Gesellschafterbeschlüsse[7] einer Genehmigung des Betreuungsgerichts.[8] Dies bringt einen erheblichen zeitlichen Verzug mit sich,[9] der für die Gesellschaft nicht nur schmerzhaft, sondern sogar existenzbedrohend sein kann.[10] Überdies ist die fachliche Qualität der Entscheidung des Betreuungsgerichts problematisch: Unternehmerisches Denken und die Bereitschaft, Risiken einzugehen, dürften bei den Betreuungsgerichten wenig ausgeprägt sein.[11]

Vorsorge tut damit dringend not. Als Vorsorgemittel bietet sich ein Instrumentarium an, das im unternehmerischen Bereich kaum Popularität[12] genießt: die Vorsorgevollmacht.[13] Allerdings wirft der Einsatz von Vorsorgevollmachten bei Personengesellschaften und GmbHs eine Vielzahl rechtlicher Fragen auf, zu denen es bislang – trotz der großen Praxisrele-

---

5   Vgl. *Heckschen/Kreußlein*, NotBZ 2012, 321.
6   Eingehend zu den Gefahren, die bei geschlossenen Gesellschaften das Eindringen einer unliebsamen Person (u.a. eines Betreuers) begründet, *Wedemann*, Gesellschafterkonflikte in geschlossenen Kapitalgesellschaften, 2013, S. 101 et passim. Vgl. ferner die eindringliche Mahnung von *Heckschen*, NZG 2012, 10, 12 f., wonach der mangelnde Einfluss auf die Auswahlentscheidung für die Gesellschafter „alarmierend" sein sollte.
7   Wie weit der Kreis genehmigungsbedürftiger Beschlüsse zu ziehen ist, harrt einer abschließenden Klärung, vgl. *Wilde*, GmbHR 2010, 123, 125 ff.
8   Die Genehmigungsbedürftigkeit unternehmerischer Entscheidungen benennen auch als Problem Brambring/*Mutter*, Beck'sches Formularbuch Erbrecht, 2. Aufl. 2009, Muster G III 11 Anm. 1; *Winkler*, Vorsorgeverfügungen, 4. Aufl. 2010, S. 42.
9   Auf das Problem der Verzögerung gesellschaftsrechtlicher Maßnahmen weist auch hin *Wilde*, GmbHR 2010, 123.
10 So auch die Warnung von *Heckschen*, NZG 2012, 10, 13.
11 So auch *Wedemann*, Gesellschafterkonflikte in geschlossenen Kapitalgesellschaften, 2013, S. 147; vgl. ferner *Heckschen*, NZG 2012, 10, 13.
12 Vgl. die Nachweise oben in Fn. 2.
13 Besonders eindringlich mahnt deren Erteilung an *Heckschen*, NZG 2012, 10, 16; ferner *Heckschen/Kreußlein*, NotBZ 2012, 321, 322 ff. (in Bezug auf GmbHs); *Stückemann*, in: FS Leinemann, 2006, S. 109, 110, 118, 124. Bei anderen Autoren dominiert – auch wenn sie den potentiellen Nutzen einer wirksamen Vorsorgevollmacht sehen – der Hinweis auf die problematische rechtliche Zulässigkeit, vgl. die Nachweise unten in Fn. 15 f.

vanz der Thematik – nur wenige Stellungnahmen gibt.[14] Handbücher und Aufsätze zu Vorsorgevollmachten beschränken sich zumeist auf zwei knappe Hinweise: Bei Personengesellschaften seien Vorsorgevollmachten wegen des Prinzips der Selbstorganschaft problematisch.[15] Bei GmbH-Geschäftsführern bestünden ebenfalls rechtliche Schranken.[16] Die Kommentarliteratur und das gesellschaftsrechtliche Schrifttum setzen sich mit dem Problemkreis kaum auseinander.[17] Die einzige tiefergehende – primär Personengesellschaften betreffende – Untersuchung bietet ein Aufsatz von *Carsten Schäfer*.[18] Dieser gibt wertvolle Fingerzeige. Ausdiskutiert ist die Problematik aber auch bei Personengesellschaften damit bei weitem noch nicht.

Der folgende Beitrag beleuchtet die Zulässigkeit des Einsatzes von Vorsorgevollmachten bei Personengesellschaften und GmbHs. Zur Vergegenwärtigung der notwendigen Grundlagen stellt er vorab wesentliche Charakteristika der Vorsorgevollmacht vor. Sodann richtet er den Fokus auf die Bevollmächtigung zur Ausübung organisatorischer Mitgliedschaftsrechte allgemein und anschließend auf die Bevollmächtigung zur Wahrnehmung von Geschäftsführungsaufgaben.

---

14 Als „spärlich" bezeichnet die wissenschaftliche Auseinandersetzung *Heckschen*, NZG 2012, 10, 13.

15 *Müller*/Renner, Betreuungsrecht und Vorsorgeverfügungen in der Praxis, 3. Aufl. 2011, Rn. 981; Brambring/*Mutter*, Beck'sches Formularbuch Erbrecht, 2. Aufl. 2009, Muster G III 11 Anm. 1; *Reymann*, ZEV 2005, 457, 460 f. Kaum Probleme sieht hingegen *Heckschen*, NZG 2012, 10, 16. Gar nicht angesprochen wird die Thematik von *Stückemann*, in: FS Leinemann, 2006, S. 109.

16 *Heckschen/Kreußlein*, NotBZ 2012, 321, 324; *Müller*/Renner, Betreuungsrecht und Vorsorgeverfügungen in der Praxis, 3. Aufl. 2011, Rn. 982; Brambring/*Mutter*, Beck'sches Formularbuch Erbrecht, 2. Aufl. 2009, Muster G III 11 Anm. 1; *Reymann*, ZEV 2005, 457, 460 f.; Lipp/*Spalckhaver*, Handbuch der Vorsorgeverfügungen, 2009, § 13 Rn. 113; *Winkler*, Vorsorgeverfügungen, 4. Aufl. 2010, S. 42. Die Gestaltungsspielräume rücken in den Vordergrund – bei Anerkennung rechtlicher Schranken – *Heckschen*, NZG 2012, 10, 15; *Stückemann*, in: FS Leinemann, 2006, S. 109, 115 f.

17 Im Anschluss an seinen Aufsatz (s. nachfolgende Fn.) Bork/*Schäfer*, GmbHG, 2. Aufl. 2012, § 6 Rn. 7. Mittels eines Hinweises auf diesen Aufsatz macht die Problematik kenntlich Baumbach/*Hopt*, HGB, 35. Aufl. 2012, § 125 Rn. 8. Einen knappen Augenmerk richtet auf sie *Wertenbruch*, in: Westermann/Wertenbruch (Hrsg.), Handbuch Personengesellschaften, 54. EL, Dezember 2012, Rn. 241b mit Fn. 2.

18 *Schäfer*, ZHR 175 (2011), 557.

II. Steckbrief „Vorsorgevollmacht"

Vorsorgevollmachten werden in der Regel als widerrufliche[19] Generalvollmachten erteilt. Von der „normalen" Generalvollmacht unterscheiden sie sich in erster Linie dadurch, dass sie im Hinblick auf eine besondere, in der Zukunft liegende Situation erteilt werden, nämlich den Fall, dass der Vollmachtgeber auf Grund einer psychischen Krankheit, einer körperlichen oder seelischen Behinderung seine Angelegenheiten nicht mehr selbst besorgen kann, also betreuungsbedürftig ist.[20] Haupteinsatzbereich ist die Geschäftsunfähigkeit des Vollmachtgebers.[21]

Die Erteilung einer Vorsorgevollmacht ist mit großen Vorteilen verbunden: Gemäß § 1896 Abs. 2 S. 2 BGB darf keine Betreuung angeordnet werden, wenn der Betroffene eine Vorsorgevollmacht erteilt hat, die es dem Bevollmächtigten ermöglicht, die Angelegenheiten des Betroffenen zu regeln. Mit anderen Worten: Die Betreuung ist subsidiär.[22] Daraus folgt: Die Vorsorgevollmacht bietet ein probates Mittel, den Nachteilen

---

19 Vorsorgevollmachten können regelmäßig nicht unwiderruflich ausgestaltet werden: Zum einen sind Generalvollmachten wegen des Prinzips der Privatautonomie zwingend widerruflich, zum anderen scheidet Unwiderruflichkeit aus bei Vollmachten, die ausschließlich im Interesse des Vollmachtgebers erteilt werden, vgl. speziell in Bezug auf Vorsorgevollmachten *Müller*, in: Würzburger Notarhandbuch, 3. Aufl. 2012, Teil 3 Kap. 3 Rn. 33; Müller/*Renner*, Betreuungsrecht und Vorsorgeverfügungen in der Praxis, 3. Aufl. 2011, Rn. 652 f.; allgemein zur (Un-)Zulässigkeit unwiderruflicher Vollmachten Palandt/*Ellenberger*, BGB, 72. Aufl. 2013, § 168 Rn. 6; Staudinger/*Schilken*, BGB, Neubearb. 2009, § 168 Rn. 8 f. Gelegentlich haben Notare jedoch unwiderrufliche Vorsorgevollmachten beurkundet, vgl. Müller/*Renner*, Betreuungsrecht und Vorsorgeverfügungen in der Praxis, 3. Aufl. 2011, Rn. 651.
20 Vgl. *Müller*, in: Würzburger Notarhandbuch, 3. Aufl. 2012, Teil 3 Kap. 3 Rn. 8, 41. Nach dem in der Praxis gängigsten und in der Literatur überwiegend empfohlenen Gestaltungsmodell wird die Vorsorgevollmacht unbedingt ausgestaltet und mit der internen Anweisung an den Bevollmächtigten verbunden, von der Vollmacht erst im Vorsorgefall Gebrauch zu machen, vgl. *Müller*, a.a.O., Teil 3 Kap. 3 Rn. 50.
21 *Rieger*, in: FS Schwab, 2005, S. 1043, 1044. Dementsprechend konzentrieren sich die Ausführungen im Schrifttum vielfach auf diesen Fall, so etwa bei Palandt/*Götz*, BGB, 72. Aufl. 2013, Einf v § 1896 Rn. 5; *Müller*, in: Würzburger Notarhandbuch, 3. Aufl. 2012, Teil 3 Kap. 3 Rn. 8.
22 Palandt/*Götz*, BGB, 72. Aufl. 2013, § 1896 Rn. 12.

eines Betreuungsverfahrens zu entgehen[23] – vorausgesetzt, ihrem Einsatz stehen keine Hindernisse, etwa gesellschaftsrechtlicher Art, entgegen. Mit der Begründung des Vorrangs der Vorsorgevollmacht verfolgt der Gesetzgeber das erklärte Ziel, die privatautonome Vorsorge zu stärken.[24] Eine Betreuung soll soweit möglich vermieden werden. Dies dient zwei Zwecken: Zum einen wird hierdurch eine Entlastung der Betreuungsgerichte und damit der Landeshaushalte erreicht.[25] Zum anderen verlangt das Selbstbestimmungsrecht des Menschen, dass er selbst vorsorgen kann und staatliche Hilfe nur subsidiär eingreift.[26]

III. Bevollmächtigung zur Wahrnehmung organisatorischer Mitgliedschaftsrechte

Organisatorische Mitgliedschaftsrechte unterliegen sowohl bei Personengesellschaften[27] als auch bei GmbHs[28] dem Abspaltungsverbot. Dieses Verbot beschränkt auch die Zulässigkeit von Vollmachten. So ist nach allgemeiner Ansicht[29] die unwiderrufliche verdrängende Bevollmächtigung

---

23 Vgl. allgemein Müller/*Renner*, Betreuungsrecht und Vorsorgeverfügungen in der Praxis, 3. Aufl. 2011, Rn. 233, 238; *Rieger*, in: FS Schwab, 2005, S. 1043; *Winkler*, Vorsorgeverfügungen, 4. Aufl. 2010, S. 6.
24 RegE eines Gesetzes zur Reform des Rechts der Vormundschaft und Pflegschaft für Volljährige (Betreuungsgesetz – BtG), BT-Drs. 11/4528, S. 122 f.
25 RegE eines Gesetzes zur Reform des Rechts der Vormundschaft und Pflegschaft für Volljährige (Betreuungsgesetz – BtG), BT-Drs. 11/4528, S. 122; *Rieger*, in: FS Schwab, 2005, S. 1043; *Schwab*, in: Münchener Kommentar zum BGB, 6. Aufl. 2012, § 1896 Rn. 48; *Zimmermann*, Vorsorgevollmacht, Betreuungsverfügung, Patientenverfügung für die Beratungspraxis, 2. Aufl. 2010, Rn. 28.
26 *Rieger*, in: FS Schwab, 2005, S. 1043; *Schwab*, in: Münchener Kommentar zum BGB, 6. Aufl. 2012, § 1896 Rn. 48; *Zimmermann*, Vorsorgevollmacht, Betreuungsverfügung, Patientenverfügung für die Beratungspraxis, 2. Aufl. 2010, Rn. 28.
27 Gesetzlicher Ausgangspunkt ist § 717 Satz 1 BGB. Vgl. ferner BGHZ 3, 354, 357; *K. Schmidt*, in: Münchener Kommentar zum HGB, 3. Aufl. 2011, § 105 Rn. 195; *ders.*, Gesellschaftsrecht, 4. Aufl. 2002, § 19 III 4; *Ulmer*, in: Münchener Kommentar zum BGB, 5. Aufl. 2009, § 705 Rn. 133.
28 BGHZ 43, 261, 267; WM 1976, 1247, 1249; Ulmer/Habersack/Winter/*Raiser*, GmbHG, 2005, § 14 Rn. 41 ff.; Scholz/*Seibt*, GmbHG, 11. Aufl. 2012, § 14 Rn. 39a, § 15 Rn. 17.
29 BGHZ 3, 354, 359; 20, 363, 364 f.; NJW 1970, 468; WM 1976, 1247, 1250; Lutter/Hommelhoff/*Bayer*, 18. Aufl. 2012, § 14 Rn. 15; Röhricht/Graf v. Westphalen/*v. Gerkan/Haas*, HGB, 3. Aufl. 2008, § 109 Rn. 7; Schlegelber-

eines Dritten ausgeschlossen. Sind Vorsorgevollmachten dennoch zulässig?

1. Argumentationsstrang: Widerruflichkeit der Vollmacht

Die wenigen Literaturstimmen[30], die sich zu der Problematik äußern, bejahen die Vereinbarkeit der Erteilung einer Vorsorgevollmacht mit dem Abspaltungsverbot. Bei der Begründung begnügen sie sich mit dem schlichten Hinweis, dass Vorsorgevollmachten in aller Regel widerruflich ausgestaltet seien.

Diese Argumentation ist an zu dünnen Seilen aufgehängt. Zwar ist, wie oben[31] dargelegt, der Befund zutreffend, dass Vorsorgevollmachten widerruflich erteilt werden. Nach Eintritt der Geschäftsunfähigkeit des Gesellschafters – also im Haupteinsatzbereich von Vorsorgevollmachten[32] – ist diese Widerrufsmöglichkeit jedoch wenig wert: Der Gesellschafter kann infolge seiner Geschäftsunfähigkeit die Widerrufsmöglichkeit nicht mehr selbst wahrnehmen. Ein Widerruf kann jetzt nur noch durch einen sog. Überwachungs- bzw. Kontrollbetreuer erklärt werden, d.h. einen Betreuer,

---

ger/*Martens*, HGB, 5. Aufl. 1992, § 114 Rn. 51; *Reichert/Weller*, in: Münchener Kommentar zum GmbHG, 2010, § 14 Rn. 124; Staub/*Schäfer*, HGB, 5. Aufl. 2009, § 119 Rn. 68; Scholz/*K. Schmidt*, GmbHG, 10. Aufl. 2007, § 47 Rn. 83; *ders.*, Gesellschaftsrecht, 4. Aufl. 2002, § 19 III 4 a; Scholz/*Seibt*, GmbHG, 11. Aufl. 2012, § 15 Rn. 17; Oetker/*Weitemeyer*, HGB, 2. Aufl. 2011, § 119 Rn. 12. Die Unwiderruflichkeit lassen für die Begründung der Unzulässigkeit genügen *Flume*, Allgemeiner Teil des Bürgerlichen Rechts, Band I/1: Die Personengesellschaft, 1977, § 14 V; Bork/Schäfer/*Weller*, GmbHG, 2. Aufl. 2012, § 14 Rn. 13.

30 *Schäfer*, ZHR 175 (2011), 557, 567. Ohne ausdrückliche Thematisierung des Abspaltungsverbots meint *Heckschen*, NZG 2012, 10, 15: „Für Kapitalgesellschaften stellt sich die Erteilung von Vorsorgevollmachten und die Ausübung des Stimmrechtes durch einen Vorsorgebevollmächtigten weitgehend unproblematisch dar. GmbH-Gesetz und Aktiengesetz legen keine materiellen Grenzen für die Wahrnehmung von Gesellschafterrechten durch Dritte und auch nicht durch Vorsorgebevollmächtigte fest."; als rechtlich unproblematisch wird die Ausübung von GmbH-Gesellschafterrechten durch Vorsorgebevollmächtigte – wiederum ohne Thematisierung des Abspaltungsverbots – zudem behandelt von *Heckschen/Kreußlein*, NotBZ 2012, 321, 322 f.

31 Abschnitt II.

32 Vgl. oben Text zu Fn. 21.

dessen Aufgabe in der Geltendmachung von Rechten des Betreuten gegenüber dem Vorsorgebevollmächtigten besteht (§ 1896 Abs. 3 BGB).[33]

Der Widerruf durch einen Kontrollbetreuer ist jedoch an sehr hohe Hürden geknüpft: *Zum einen* darf eine Kontrollbetreuung erst dann angeordnet werden, wenn wegen besonderer Umstände ein konkretes Bedürfnis für eine Überwachung festgestellt wird.[34] Die bloße Unfähigkeit des Betroffenen, seinen Bevollmächtigten zu überwachen, genügt nicht.[35] Denn der Vollmachtgeber hat die Vorsorgevollmacht gerade für Situationen erteilt, in denen er seine Angelegenheiten nicht mehr selbst regeln und damit auch den Bevollmächtigten nicht überwachen kann.[36] Den Verzicht auf die Überwachung nimmt er zum Zwecke der Vermeidung einer gerichtlich angeordneten Betreuung in Kauf. Dieser Wille ist auch bei der Frage der Errichtung einer Kontrollbetreuung zu respektieren.[37] *Zum anderen* kann ein Kontrollbetreuer die Vorsorgevollmacht nach zutreffender Ansicht nur aus wichtigem Grund widerrufen.[38] Andernfalls würde dem Willen des Vollmachtgebers, sich durch die von ihm ausgewählte Person vertreten zu lassen und ein Betreuungsverfahren zu vermeiden, nicht hinreichend Rechnung getragen.[39] Daraus folgt: Nach Eintritt der Geschäftsunfähigkeit haben Vorsorgevollmachten faktisch den Charakter einer unwiderruflichen Vollmacht. Denn auch bei unwiderruflichen Vollmachten

---

33 Zum Kontroll- bzw. Überwachungsbetreuer allgemein Palandt/*Götz*, BGB, 72. Aufl. 2013, § 1896 Rn. 23; Bamberger/Roth/*Müller*, BGB, 3. Aufl. 2012, § 1896 Rn. 42 ff.
34 BGH, NJW 2011, 2137; NJW-RR 2012, 834; NJW 2012, 2885, 2886; Palandt/*Götz*, BGB, 72. Aufl. 2013, § 1896 Rn. 23.
35 BGH, NJW 2011, 2137; NJW-RR 2012, 834; NJW 2012, 2885, 2886; *Schwab*, in: Münchener Kommentar zum BGB, 6. Aufl. 2012, § 1896 Rn. 241.
36 BGH, NJW 2011, 2137; NJW-RR 2012, 834; NJW 2012, 2885, 2886.
37 Vgl. BGH, NJW 2011, 2137; NJW-RR 2012, 834; NJW 2012, 2885, 2886.
38 Bamberger/Roth/*Müller*, BGB, 3. Aufl. 2012, § 1896 Rn. 45; Müller/*Renner*, Betreuungsrecht und Vorsorgeverfügungen in der Praxis, 3. Aufl. 2011, Rn. 688; *Rieger*, in: FS Schwab, 2005, S. 1043, 1049 f.; ähnlich Erman/*A. Roth*, BGB, 13. Aufl. 2011, § 1896 Rn. 50: „nur bei fehlender Eignung oder Pflichtverletzung"; Schulze/*Kemper*, BGB, 7. Aufl. 2012, § 1896 Rn. 27: „im Extremfall". Keine derartige Einschränkung der Widerrufsmöglichkeit formulieren Palandt/*Götz*, BGB, 72. Aufl. 2013, § 1896 Rn. 23; *Jürgens*, Betreuungsrecht, 4. Aufl. 2010, § 1896 Rn. 36; *Schwab*, in: Münchener Kommentar zum BGB, 6. Aufl. 2012, § 1896 Rn. 247.
39 Gleichsinnig *Rieger*, in: FS Schwab, 2005, S. 1043, 1049 ff.

ist ein Widerruf bekanntlich nicht gänzlich ausgeschlossen. Bei Vorliegen eines wichtigen Grundes sind auch sie stets widerruflich.[40]

Diese faktische Unwiderruflichkeit tangiert das Abspaltungsverbot ebenso wie eine rechtliche Unwiderruflichkeit,[41] wie ein Blick auf den Geltungsgrund des Abspaltungsverbots zeigt: Das Abspaltungsverbot wird zumeist damit begründet, dass sich ein Verband nicht der durch die Mitgliedschaftsrechte gewährleisteten Selbstbestimmung begeben dürfe.[42] Für die Einbuße der Selbstbestimmung spielt es keine Rolle, ob eine ausdrücklich unwiderruflich erteilte Vollmacht vorliegt oder eine Vollmacht, die ausschließlich oder jedenfalls in erster Linie für Situationen konzipiert ist, in denen ein Widerruf faktisch denselben Grenzen unterliegt wie bei einer unwiderruflichen Vollmacht. Bei Vollmachten, die in erster Linie für solche Situationen konzipiert sind, gilt dies allerdings nur innerhalb ihres Hauptanwendungsbereichs.

Damit lässt sich festhalten: Der Hinweis auf die widerrufliche Ausgestaltung von Vorsorgevollmachten greift zu kurz. Er begründet die Vereinbarkeit von Vorsorgevollmachten mit dem Abspaltungsverbot nur, soweit sie für die (vergleichsweise seltenen) Fälle der Betreuungsbedürftigkeit trotz fortdauernder Geschäftsfähigkeit erteilt werden, nicht jedoch für ihren primären Anwendungsbereich, die Geschäftsunfähigkeit des Vollmachtgebers.

---

40 BGH, NJW 1997, 3437, 3440; Palandt/*Ellenberger*, BGB, 72. Aufl. 2013, § 168 Rn. 6.
41 Bei der Diskussion der Formbedürftigkeit von Vorsorgevollmachten bei Grundstücksgeschäften behandeln die faktische Unwiderruflichkeit von Vorsorgevollmachten wie eine rechtliche Unwiderruflichkeit *Dieckmann/Jurgeleit*, BtPrax 2002, 135, 138; dagegen Lipp/*Spalckhaver*, Handbuch der Vorsorgeverfügungen, 2009, § 13 Rn. 12.
42 Grundlegend *Flume*, Allgemeiner Teil des Bürgerlichen Rechts, Band I/2: Die juristische Person, 1983, § 7 II 1; vgl. ferner Ulmer/Habersack/Winter/*Raiser*, GmbHG, 2005, § 14 Rn. 42; *ders./Veil*, Recht der Kapitalgesellschaften, 5. Aufl. 2010, § 11 Rn. 25; *K. Schmidt*, Gesellschaftsrecht, 4. Aufl. 2002, § 19 III 4 a; Scholz/*Seibt*, GmbHG, 11. Aufl. 2012, § 15 Rn. 17. Zu anderen Begründungsschienen vgl. *Fleck*, in: FS Robert Fischer, 1979, S. 107, 110 ff.; *Wiedemann*, Gesellschaftsrecht II, 2004, § 3 III 2 c aa.

2. Argumentationsstrang: Keine verdrängende Vollmacht

Nach h.M.[43] sind unwiderrufliche Vollmachten mit dem Abspaltungsverbot vereinbar, wenn sie nicht „verdrängend" sind, d.h. der Vollmachtgeber daneben weiterhin zur Ausübung seiner Rechte befugt bleibt. Dieser Weg zur Vereinbarkeit mit dem Abspaltungsverbot hilft bei Vorsorgevollmachten jedoch ebenfalls nicht weiter, soweit sie für den Fall der Geschäftsunfähigkeit des Gesellschafters erteilt werden. Formal bleibt die Befugnis des Vollmachtgebers zur Ausübung seiner Rechte zwar bestehen. Tatsächlich ist diese Befugnis aber regelmäßig wenig wert, da bei Geschäftsunfähigkeit des Gesellschafters eine Wahrnehmung der Befugnisse durch eine andere Person als den Bevollmächtigten weitgehend ausscheidet: Der geschäftsunfähige Gesellschafter kann seine Gesellschafterrechte nicht mehr selbst wahrnehmen. Die Bestellung eines Betreuers scheidet, wie oben[44] aufgezeigt, grundsätzlich aus. Für die Einbuße der Selbstbestimmung macht es keinen Unterschied, ob formal eine verdrängende Vollmacht vorliegt oder eine Vollmacht, die ausschließlich oder in erster Linie für Situationen konzipiert ist, in denen nur noch der Bevollmächtigte handeln kann (bei Vollmachten, die in erster Linie für solche Situationen konzipiert sind, gilt dies wiederum nur für ihren primären Anwendungsbereich).

3. Argumentationsstrang: Parallele zur Betreuung

a) Grundlage für die Akzeptanz von Vorsorgevollmachten

Zur Begründung der Zulässigkeit von Vorsorgevollmachten für den Fall der Geschäftsunfähigkeit ist vielmehr auf eine Parallelbetrachtung zur Betreuung abzustellen. Soweit sich Literaturstimmen[45] mit der Ausübung or-

---

43 BGH, NJW 1970, 468; KG, NZG 1999, 446, 447; Ulmer/Habersack/Winter/ *Hüffer*, GmbHG, 2006, § 47 Rn. 95; Schlegelberger/*Martens*, HGB, 5. Aufl. 1992, § 114 Rn. 33; Scholz/*Seibt*, GmbHG, 11. Aufl. 2012, § 15 Rn. 17. Allein auf die Unwiderruflichkeit stellen ab *Flume*, Allgemeiner Teil des Bürgerlichen Rechts, Band I/1: Die Personengesellschaft, 1977, § 14 V; Bork/Schäfer/*Weller*, GmbHG, 2. Aufl. 2012, § 14 Rn. 13.
44 Abschnitt III 1.
45 *Enzinger*, in: Münchener Kommentar zum HGB, 3. Aufl. 2011, § 119 Rn. 19; *Schäfer*, ZHR 175 (2011), 557, 560; *Westermann*, in: Westermann/Wertenbruch (Hrsg.), Handbuch Personengesellschaften, 54. EL, Dezember 2012, Rn. 489; Baumbach/Hueck/*Zöllner*, GmbHG, 20. Aufl. 2013, § 47 Rn. 43; allgemein zur

ganisatorischer Mitgliedschaftsrechte durch einen Betreuer beschäftigen, gehen sie allgemein von deren Zulässigkeit aus. Dies wird zumeist nicht näher begründet, verdient jedoch uneingeschränkte Zustimmung: Andernfalls wären Gesellschafter, die ihre Angelegenheiten nicht mehr selbst besorgen können, rechtlos gestellt und auf den guten Willen ihrer Mitgesellschafter angewiesen. Eine Vertretung ist hier unvermeidlich.[46]

Erkennt man die Vertretung durch einen Betreuer an, ist auch die Vertretung durch einen Vorsorgebevollmächtigten zu akzeptieren und zu diesem Zweck eine Ausnahme vom Abspaltungsverbot zuzulassen: Vorsorgevollmacht und Betreuung sind funktional äquivalent. Der Gesetzgeber räumt, wie bereits[47] aufgezeigt, der Vorsorgevollmacht Vorrang vor der Betreuung ein. Mit dieser gesetzlichen Favorisierung der privaten Vorsorge stände es nicht im Einklang, Vorsorgevollmachten zur Ausübung organisatorischer Mitgliedschaftsrechte bei Personengesellschaften und GmbHs im Hinblick auf das Abspaltungsverbot *generell* die Akzeptanz zu verweigern.

b) Voraussetzung: Zustimmung aller Mitgesellschafter

Zum Schutz der Mitgesellschafter ist allerdings eine Einschränkung der Akzeptanz von Vorsorgevollmachten angezeigt: Eine Vorsorgevollmacht sollte nur Wirkung entfalten, wenn alle Mitgesellschafter ihrer Erteilung zugestimmt haben. Im Personengesellschaftsrecht wird die Erteilung von Vollmachten zur Ausübung organisatorischer Mitgliedschaftsrechte bereits generell an die Zustimmung aller Gesellschafter geknüpft.[48] Dieses

---

Mitwirkung eines gesetzlichen Vertreters bei nicht voll geschäftsfähigen Personen Schlegelberger/*Martens*, HGB, 5. Aufl. 1992, § 119 Rn. 34; *Reichert/Weller*, in: Münchener Kommentar zum GmbHG, 2010, § 14 Rn. 127; *Ulmer*, in: Münchener Kommentar zum BGB, 5. Aufl. 2009, § 705 Rn. 69.

46 Dies meint in Bezug auf die gesetzliche Vertretung minderjähriger Gesellschafter auch *Westermann*, in: Westermann/Wertenbruch (Hrsg.), Handbuch Personengesellschaften, 54. EL, Dezember 2012, Rn. 489.
47 Oben Abschnitt II.
48 Vgl. BGHZ 3, 354, 357; Ebenroth/Boujong/Joost/Strohn/*Märtens*, HGB, 2. Aufl. 2008, § 109 Rn. 9; Ebenroth/Boujong/Joost/Strohn/*Mayen*, HGB, 2. Aufl. 2008, § 114 Rn. 16; Staub/*Schäfer*, HGB, 5. Aufl. 2009, § 114 Rn. 36, § 119 Rn. 68; *Weipert*, in: Münchener Handbuch des Gesellschaftsrechts, Band 2, 3. Aufl. 2009, § 12 Rn. 13; *Westermann*, in: Westermann/Wertenbruch (Hrsg.), Handbuch Personengesellschaften, 54. EL, Dezember 2012, Rn. 490.

Zustimmungserfordernis fußt nicht auf einer ausdrücklichen gesetzlichen Normierung, sondern folgt aus dem Grundsatz der Höchstpersönlichkeit der Mitgliedschaft.[49] Bei Vorsorgevollmachten hat das Erfordernis der Zustimmung aller Gesellschafter darüber hinaus auch im GmbH-Recht zu gelten. Denn die auf eine Parallelbetrachtung zur Betreuung gestützte Ausnahme vom Abspaltungsverbot ist nur gerechtfertigt, wenn der Schutz der Mitgesellschafter ebenso wie bei der Betreuung hinreichend sichergestellt ist: Bei der Betreuung bewirken die weitreichenden Überwachungsbefugnisse sowie Zustimmungserfordernisse des Betreuungsgerichts einen Schutz der Mitgesellschafter.[50]

So hat der BGH zur Begründung der Zulässigkeit der Wahrnehmung der Rechte eines OHG-Gesellschafters durch einen Gebrechlichkeitspfleger angeführt: „Gegen einen Missbrauch [...] sind die Gesellschafter weitgehend dadurch geschützt, daß [...] der Pfleger sein Amt unter der Aufsicht des Vormundschaftsgerichts führt."[51] Bei der Vorsorgevollmacht fehlt es an einer solchen Aufsicht. Die Möglichkeit der Anordnung einer Kontrollbetreuung bietet ein deutlich geringeres Schutzniveau. Nur bei Einverständnis der Mitgesellschafter ist es legitim, ihnen dieses geringere Schutzniveau zuzumuten.[52]

Gegen ein solches Zustimmungserfordernis lässt sich auch nicht der Grundsatz der freien Veräußerlichkeit und Vererblichkeit von Geschäftsanteilen (§ 15 Abs. 1 GmbHG) ins Feld führen, denn die Einbeziehung eines Vorsorgebevollmächtigten im Fall der Geschäftsunfähigkeit eines Gesellschafters begründet für die Mitgesellschafter größere Gefahren als ein vollständiger und einheitlicher Anteilsübergang: Sämtliche organisatorische Mitgliedschaftsrechte werden von einer Person ausgeübt, die nicht die zugrundeliegende Gesellschafterstellung innehat, so dass das aus der Kopplung an die Gesellschafterstellung folgende Verhaltensregulativ fehlt.[53] Aufgrund der faktischen Unwiderruflichkeit der Vollmacht nach

---

49 Vgl. BGHZ 3, 354, 357; *Schäfer*, ZHR 175 (2011), 557, 566; *Westermann*, in: Westermann/Wertenbruch (Hrsg.), Handbuch Personengesellschaften, 54. EL, Dezember 2012, Rn. 490.
50 Dies legt auch zugrunde *Schäfer*, ZHR 175 (2011), 557, 568.
51 BGHZ 44, 98, 102.
52 Dementsprechend meint auch *Schäfer*, ZHR 175 (2011), 557, 568, dass sich aus der mangelnden Zustimmungsbedürftigkeit der Betreuung keine Abschwächung der Zustimmungsbedürftigkeit von Vorsorgevollmachten bei Personengesellschaften herleiten lässt.
53 Zum Fehlen eines solchen Regulativs bei der Wahrnehmung von Mitgliedschaftsrechten durch Nichtgesellschafter vgl. RGZ 3, 123, 132; *Priester*, in: FS Werner,

Eintritt der Geschäftsunfähigkeit bestehen nur geringe Einflussmöglichkeiten seitens des bevollmächtigenden Gesellschafters, die dieser Entkopplung die Schärfe nehmen könnten.[54] Infolge dieser unterschiedlichen Gefahrenlage ist es auch nicht möglich, bei Personengesellschaften Abtretungs- und Nachfolgeklauseln als Einverständnis der Mitgesellschafter mit der Erteilung einer Vorsorgevollmacht zu werten.[55]

4. Ergebnis

Im Ergebnis lässt sich damit festhalten: Das Abspaltungsverbot steht einer mit Zustimmung aller Mitgesellschafter erteilten Vorsorgevollmacht nicht im Wege. Soweit eine Vorsorgevollmacht für Fälle der Betreuungsbedürftigkeit trotz fortdauernder Geschäftsfähigkeit erteilt wird, ist eine Vereinbarkeit mit dem Abspaltungsverbot sogar ohne Zustimmung aller Mitgesellschafter gegeben. Die Ausübung organisatorischer Mitgliedschaftsrechte durch einen Vorsorgebevollmächtigten ist damit – jedenfalls bei Zustimmung aller Mitgesellschafter – grundsätzlich zulässig.

IV. Bevollmächtigung zur Wahrnehmung von Geschäftsführungsaufgaben

Nun gilt es, der Frage nachzugehen, ob eine Vorsorgevollmacht auch zur Wahrnehmung von Geschäftsführungsaufgaben bevollmächtigen kann. Bei Klärung dieser Frage ist aufgrund der unterschiedlichen rechtlichen Rahmenbedingungen zwischen der GmbH und Personengesellschaften zu differenzieren.

1. GmbH

Bei der GmbH sind zwei Situationen zu unterscheiden: Der Geschäftsführer wird geschäftsunfähig (a). Der Geschäftsführer ist nach wie vor voll

---

1984, S. 657, 663; *Weber*, Privatautonomie und Außeneinfluß im Gesellschaftsrecht, 2000, S. 169 ff.; *Wiedemann,* FS Schilling, 1973, S. 105, 111 f., 119.
54   Vgl. *Schäfer,* ZHR 175 (2011), 557, 569, wonach die vollständige und einheitliche Anteilsübertragung der mit einer zusätzlichen Einbeziehung eines Dritten verbundenen Doppelzuständigkeit im Ansatz nicht vergleichbar ist.
55   *Schäfer,* ZHR 175 (2011), 557, 569. A.A. *Heckschen,* NZG 2012, 10, 15.

geschäftsfähig, infolge einer Krankheit oder Behinderung kann er seine Angelegenheiten jedoch ganz oder teilweise nicht mehr selbst besorgen, so dass er der Unterstützung durch einen Betreuer oder Vorsorgebevollmächtigten bedarf (b).

a) Geschäftsunfähiger Geschäftsführer

Das Geschäftsführeramt eines Geschäftsunfähigen erlischt. Dies ist in § 6 Abs. 2 S. 1 GmbHG ausdrücklich normiert. Damit kommt es nach Eintritt der Geschäftsunfähigkeit nicht darauf an, inwieweit sich der Geschäftsführer bei der Ausübung seiner Rechte aufgrund einer Vorsorgevollmacht vertreten lassen kann: Die Rechte, zu deren Ausübung er einen anderen bevollmächtigt hat, bestehen nicht mehr und können von diesem daher nicht ausgeübt werden. Die Vollmacht geht also insoweit ins Leere.[56]

Das Erlöschen des Geschäftsführeramtes und die daraus resultierende Unmöglichkeit der Vertretung führen wegen des bei der GmbH geltenden Prinzips der Drittorganschaft weder zu praktischen Schwierigkeiten[57] noch zu inakzeptablen Schutzlücken: Zum einen können die Gesellschafter eine andere Person zum Geschäftsführer bestellen und damit ein durch das Erlöschen des Geschäftsführeramts entstandenes Führungsdefizit beheben. Zum anderen können Gesellschafter-Geschäftsführer Sorge dafür tragen, dass ihr Vorsorgebevollmächtigter zum neuen Geschäftsführer bestellt wird, so dass ihren Schutzinteressen Genüge getan ist: Der Vorsorgebevollmächtigte kann bei der Beschlussfassung über die Geschäftsführerbestellung das Stimmrecht des Gesellschafters ausüben und für seine eigene Bestellung zum Geschäftsführer stimmen. Verfügt der Gesellschafter-Geschäftsführer über keine Mehrheitsbeteiligung, so kann mittels eines gesellschaftsvertraglichen – vom Vorsorgebevollmächtigten wahrzunehmenden – Benennungs-, Präsentations- oder Bestellungsrechts[58] die Be-

---

56 Die Wahrnehmung der Geschäftsführung durch einen Vorsorgebevollmächtigten im Fall der Geschäftsunfähigkeit ist auch ausgeschlossen nach Bork/Schäfer, GmbHG, 2. Aufl. 2012, § 6 Rn. 7; ders., ZHR 175 (2011), 557, 572.
57 Vgl. Schäfer, ZHR 175 (2011), 557, 571.
58 Zu diesen Gestaltungsinstrumenten Wedemann, Gesellschafterkonflikte in geschlossenen Kapitalgesellschaften, 2013, S. 267 ff.; vgl. ferner Diekmann/Marsch-Barner, in: Münchener Handbuch des Gesellschaftsrechts, Band 3, 4. Aufl. 2012, § 42 Rn. 24; Seibt, in: Münchener Anwaltshandbuch GmbH-Recht, 2. Aufl. 2009, § 2 Rn. 95 ff.

stellung des Vorsorgebevollmächtigten zum Geschäftsführer abgesichert werden.[59] An die Stelle der Vertretung durch einen Vorsorgebevollmächtigten tritt damit dessen Bestellung zum Geschäftsführer.

b) Geschäftsfähiger, aber unterstützungsbedürftiger Geschäftsführer

Deutlich problematischer ist die rechtliche Beurteilung in Fällen, in denen der Geschäftsführer nicht geschäftsunfähig ist, jedoch der Unterstützung Dritter bedarf. Verliert der Geschäftsführer in diesem Fall ebenfalls kraft Gesetzes sein Amt? Im Zentrum der Beantwortung dieser Frage steht § 6 Abs. 2 S. 2 Nr. 1 GmbHG. Danach erlischt das Geschäftsführeramt – trotz Geschäftsfähigkeit –, wenn für den Geschäftsführer ein Betreuer bestellt und er bei der Besorgung seiner Vermögensangelegenheiten einem Einwilligungsvorbehalt unterstellt wird. Lässt sich diese Vorschrift analog in den gesetzlich nicht geregelten Fällen anwenden, in denen die Bestellung eines Betreuers und eventuell auch die Anordnung eines Einwilligungsvorbehalts allein deswegen unterbleiben, weil der Geschäftsführer eine Vorsorgevollmacht erteilt hat?

aa) Regelungsgehalt und Zweck des § 6 Abs. 2 S. 2 Nr. 1 GmbHG

Im Schrifttum findet sich die Auffassung, dass ein Fortbestand der Geschäftsführerstellung in diesen Fällen am Zweck des § 6 Abs. 2 S. 2 Nr. 1 GmbHG vorbeiginge.[60] Aus teleologischen Gründen sei es eindeutig, dass das Geschäftsführeramt als solches nicht von einem bevollmächtigten Dritten wahrgenommen werden könne. Mit § 6 Abs. 2 S. 2 Nr. 1 GmbHG wolle das Gesetz das Geschäftsführeramt solchen voll Geschäftsfähigen vorbehalten, die bei der Wahrnehmung ihrer Geschäftsführeraufgaben nicht auf die Mitwirkung Dritter angewiesen sind.

Diese Sichtweise misst § 6 Abs. 2 S. 2 Nr. 1 GmbHG einen zu weitgehenden Regelungsgehalt bei: Die Norm sieht im Fall der Betreuerbestellung für einen Geschäftsfähigen nur dann das Erlöschen des Geschäftsführeramtes vor, wenn neben der Betreuerbestellung auch die Anordnung eines Einwilligungsvorbehalts erfolgt. Einen Einwilligungs-

---

59 Vgl. *Heckschen/Kreußlein*, NotBZ 2012, 321, 325.
60 *Schäfer*, ZHR 175 (2011), 557, 571 f.

vorbehalt – der die Wirksamkeit von Willenserklärungen des Betreuten von der Einwilligung des Betreuers abhängig macht – ordnet das Betreuungsgericht gemäß § 1903 BGB nur an, soweit ein solcher zur Abwendung einer erheblichen Gefahr für die Person oder das Vermögen des Betreuten erforderlich ist. Bei einer Betreuerbestellung ohne Einwilligungsvorbehalt bleibt das Geschäftsführeramt hingegen bestehen.[61] Ein solcher Fall kann etwa bei einem Bettlägerigen eintreten: Aufgrund körperlicher Einschränkungen können dessen Möglichkeiten, seine Angelegenheiten selbst wahrzunehmen, praktisch so stark reduziert sein, dass er einen Betreuer benötigt. Ist er jedoch weder durch eine psychische Krankheit noch durch eine geistige oder seelische Behinderung beeinträchtigt, besteht kein Grund, sein rechtsgeschäftliches Handeln einem Einwilligungsvorbehalt zu unterstellen.

Aus der Demarkation des Regelungsgehalts des § 6 Abs. 2 S. 2 Nr. 1 GmbHG ergibt sich: Diese Bestimmung verfolgt nicht generell den Zweck, das Geschäftsführeramt nur solchen voll Geschäftsfähigen vorzubehalten, die nicht auf die Mitwirkung Dritter bei der Wahrnehmung ihrer Geschäftsführeraufgaben angewiesen sind. Vielmehr trägt diese Bestimmung (lediglich) dem Umstand Rechung, dass es nicht sachgerecht wäre, Personen, die außerstande sind, ihre eigenen Angelegenheiten ohne Gefährdung für sich selbst wahrzunehmen, die Leitung einer GmbH zu überlassen.[62]

bb) Konsequenzen für die Problematik der Vorsorgevollmachten

(1) Betreuungsbedürftigkeit mit Notwendigkeit eines Einwilligungsvorbehalts

In Bezug auf die Problematik der Vorsorgevollmachten folgt aus der vorstehenden Analyse: Der Normzweck des § 6 Abs. 2 S. 2 Nr. 1 GmbHG

---

61 Unstr., vgl. *Goette*, in: Münchener Kommentar zum GmbHG, 2010, § 6 Rn. 19, 26; *Jaeger*, DStR 1996, 108; Lutter/Hommelhoff/*Kleindiek*, GmbHG, 18. Aufl. 2012, § 6 Rn. 18; Henssler/Strohn/*Oetker*, Gesellschaftsrecht, 2011, § 6 GmbHG Rn. 16; Saenger/Inhester/*Pfisterer*, GmbHG, 2011, § 6 Rn. 12; Scholz/*U. H. Schneider/S. H. Schneider*, GmbHG, 11. Aufl. 2012, § 6 Rn. 24; Michalski/*Tebben*, GmbHG, 2. Aufl. 2010, § 6 Rn. 20; *Ulmer*/Habersack/Winter, GmbHG, 2005, § 6 Rn. 9.
62 Vgl. *Goette*, in: Münchener Kommentar zum GmbHG, 2010, § 6 Rn. 26.

griffe auch in Fällen, in denen Betreuung *und* Einwilligungsvorbehalt anzuordnen wären, das Bestehen einer Vorsorgevollmacht jedoch eine Betreuerbestellung hindert. Indes: Diese Fälle gibt es nicht. Denn die Notwendigkeit der Anordnung eines Einwilligungsvorbehalts macht die Bestellung eines Betreuers auch bei Vorliegen einer Vorsorgevollmacht erforderlich.[63] Die Vorsorgevollmacht bildet in diesen Fällen kein Hindernis, da andernfalls dem Betroffenen der durch einen Einwilligungsvorbehalt bewirkte Schutz nicht zugutekäme. Das Erlöschen des Geschäftsführeramtes ergibt sich in diesen Konstellationen folglich aus einer direkten Anwendung des § 6 Abs. 2 S. 2 Nr. 1 GmbHG, so dass für diese Fälle dasselbe gilt wie im Fall der Geschäftsunfähigkeit.

(2) Betreuungsbedürftigkeit ohne Notwendigkeit eines Einwilligungsvorbehalts

Die Frage nach der analogen Anwendung des § 6 Abs. 2 S. 2 Nr. 1 GmbHG kann sich somit allenfalls in Sachverhalten stellen, in denen kein Bedürfnis für die Anordnung eines Einwilligungsvorbehalts gegeben ist und das Bestehen einer Vorsorgevollmacht die Anordnung einer „isolierten" Betreuung – d.h. *ohne* Einwilligungsvorbehalt – ausschließt. Infolge der aufgezeigten Demarkation des Regelungsgehalts des § 6 Abs. 2 S. 2 Nr. 1 GmbHG bietet diese Norm jedoch in diesen Konstellationen keine Basis für ein Erlöschen des Geschäftsführeramtes, so dass dieses fortbesteht.

Zur Zulässigkeit der Wahrnehmung der Geschäftsführerrechte durch einen Vertreter – sei es ein Betreuer, sei es ein Vorsorgebevollmächtigter – lassen sich § 6 Abs. 2 S. 2 Nr. 1 GmbHG keine Hinweise entnehmen: Aus dem Fortbestehen des Geschäftsführeramtes folgt (nur), dass der Wahrnehmung der Geschäftsführerrechte durch den – geschäftsfähigen – Geschäftsführer keine rechtlichen Hindernisse entgegenstehen. Aussagen zur Zulässigkeit des Handelns eines Betreuers bzw. Vorsorgebevollmächtigten lassen sich hieraus nicht ableiten. Bei der Klärung der Zulässigkeit von Vertreterhandeln ist vielmehr auf allgemeine Erwägungen und Leitlinien zurückzugreifen.

---

63 BGH, NJW-RR 2011, 1507, 1508; Palandt/*Götz*, BGB, 72. Aufl. 2013, § 1896 Rn. 12; *Schwab*, in: Münchener Kommentar zum BGB, 6. Aufl. 2012, § 1896 Rn. 59.

Nach h.M.[64] kann der Geschäftsführer einer GmbH seine Vertretungsmacht nicht im Ganzen durch einen anderen ausüben lassen. Dementsprechend ist eine umfassende Generalvollmacht – auch in Gestalt einer Vorsorgevollmacht – unzulässig. Gerechtfertigt wird diese Beschränkung der Privatautonomie mit der besonderen Verantwortlichkeit der Geschäftsführer.[65] Diese besondere Verantwortlichkeit schließt richtigerweise auch eine vollumfängliche Wahrnehmung der Geschäftsführung durch einen Betreuer aus.[66]

Die Begrenzung der Vertretungsmöglichkeit durch Vorsorgebevollmächtigte und Betreuer begründet – ebenso wie das Erlöschen des Geschäftsführeramtes im Fall der Geschäftsunfähigkeit – wegen des Prinzips der Drittorganschaft keine praktischen Schwierigkeiten oder inakzeptable Schutzlücken: Die Gesellschafter können – anstelle oder neben dem in seinen Handlungsmöglichkeiten eingeschränkten Geschäftsführer – eine andere Person zum Geschäftsführer bestellen. Der Vorsorgebevollmächtigte kann bei dieser Beschlussfassung als Vertreter agieren. Seine Geschäftsführerbestellung kann überdies mittels gesellschaftsvertraglicher Begründung eines Benennungs-, Präsentations- oder Bestellungsrechts abgesichert werden.

---

64 BGH, NJW 1977, 199; NZG 2002, 813, 814; OLG Frankfurt, GmbHR 2012, 751, 753; Roth/*Altmeppen*, GmbHG, 7. Aufl. 2012, § 35 Rn. 15; Gehrlein/Ekkenga/Simon/*Buck-Heeb*, GmbHG, 2012, § 35 Rn. 18; Lutter/Hommelhoff/*Kleindiek*, 18. Aufl. 2012, § 35 Rn. 2; Rowedder/Schmidt-Leithoff/ *Koppensteiner/Gruber*, GmbHG, 5. Aufl. 2013, § 35 Rn. 9; Henssler/Strohn/*Oetker*, Gesellschaftsrecht, 2011, § 35 GmbHG Rn. 36. Anderer Ansicht Ulmer/Habersack/Winter/*Paefgen*, GmbHG, 2006, § 35 Rn. 102; Baumbach/Hueck/*Zöllner/Noack*, GmbHG, 20. Aufl. 2013, § 35 Rn. 76.
65 BGH, NJW 1977, 199; NZG 2002, 813, 814.
66 Hingegen meint ohne Einschränkungen *Jaeger*, DStR 1996, 108, 109: „Umfaßt der Aufgabenkreis aber [...] auch ‚die Geschäftsführertätigkeit im Unternehmen des Betreuten', so kann sich der Betreuer im Ergebnis tatsächlich wie ein GmbH-Geschäftsführer gerieren."

2. Personengesellschaften

a) Kein Erlöschen der Geschäftsführungsrechte im Fall der Geschäftsunfähigkeit oder einer Anordnung von Betreuung und Einwilligungsvorbehalt

Bei Personengesellschaften führen der Eintritt der Geschäftsunfähigkeit[67] oder die Anordnung von Betreuung und Einwilligungsvorbehalt[68] nicht zum automatischen Erlöschen der Geschäftsführungsrechte. § 6 GmbHG lässt sich nicht übertragen.[69] Denn während bei der GmbH das Erlöschen des Geschäftsführeramts angesichts des Prinzips der Drittorganschaft und der daraus resultierenden Möglichkeit, Dritte zum Geschäftsführer zu bestellen, zu keinen größeren Schwierigkeiten führt, wären bei Personengesellschaften die Folgen deutlich problematischer, da hier wegen des Prinzips der Selbstorganschaft[70] die organschaftliche Geschäftsführung – jedenfalls soweit es um die organschaftliche Vertretung geht[71] – den unbe-

---

[67] Staub/*Habersack*, HGB, 5. Aufl. 2009, § 125 Rn. 29; *Heckschen*, NZG 2012, 10, 16; Baumbach/*Hopt*, HGB, 35. Aufl. 2012, § 125 Rn. 10; *Schäfer*, ZHR 175 (2011), 557, 573; *K. Schmidt*, in: Münchener Kommentar zum HGB, 3. Aufl. 2011, § 125 Rn. 18.

[68] Vgl. *Schäfer*, ZHR 175 (2011), 557, 571 ff.; ferner Baumbach/*Hopt*, HGB, 35. Aufl. 2012, § 125 Rn. 10, sowie *K. Schmidt*, in: Münchener Kommentar zum HGB, 3. Aufl. 2011, § 125 Rn. 18, wonach jeder Gesellschafter Vertretungsmacht hat; gleichsinnig Staub/*Habersack*, HGB, 5. Aufl. 2009, § 125 Rn. 29.

[69] So zutreffend auf Basis einer näheren Analyse *Schäfer*, ZHR 175 (2011), 557, 572; vgl. ferner *Heckschen*, NZG 2012, 10, 16; *K. Schmidt*, in: Münchener Kommentar zum HGB, 3. Aufl. 2011, § 125 Rn. 18.

[70] Zu diesem von der h.M. anerkannten Grundsatz BGHZ 33, 105, 108 f.; 36, 292, 295; Staub/*Schäfer*, HGB, 5. Aufl. 2009, § 109 Rn. 33 f., § 114 Rn. 9 f.; Ulmer/*Schäfer*, in: Münchener Kommentar zum BGB, 5. Aufl. 2009, § 709 Rn. 5 f.; *Wertenbruch*, in: Westermann/Wertenbruch (Hrsg.), Handbuch Personengesellschaften, 54. EL, Dezember 2012, § 13; *Wiedemann*, Gesellschaftsrecht II, 2004, § 4 II 2 b bb; mit Zweifeln *K. Schmidt*, Gesellschaftsrecht, 4. Aufl. 2002, § 14 II 2; relativierend *Grunewald*, Gesellschaftsrecht, 8. Aufl. 2011, 1. A. Rn. 42 ff.; Erman/*Westermann*, BGB, 13. Aufl. 2011, § 709 Rn. 4; grundlegend a.A. *Beuthien* ZIP 1993, 1589, 1595 ff.

[71] Vgl. hierzu einerseits Baumbach/*Hopt*, HGB, 35. Aufl. 2012, § 114 Rn. 24; *K. Schmidt*, Gesellschaftsrecht, 4. Aufl. 2002, § 14 II 2 b, e; andererseits *Wiedemann*, Gesellschaftsrecht II, 2004, § 4 II 2 b bb, der entgegen der wohl h.M. die Relevanz der Selbstorganschaft nicht auf die Vertretungsmacht beschränkt, sondern auf den gesamten Bereich der Geschäftsführung erstreckt; ferner *Weber*, Privatautonomie und Außeneinfluß im Gesellschaftsrecht, Tübingen 2000, S. 76 ff.

schränkt haftenden Gesellschaftern vorbehalten ist.[72] So würde etwa bei einer KG das Erlöschen der Geschäftsführungsrechte zur Handlungsunfähigkeit der Gesellschaft führen, wenn kein weiterer Komplementär vorhanden ist.[73] Handlungsunfähigkeit träte auch bei einer Zwei-Personen-OHG mit zwei geschäftsunfähigen Gesellschaftern ein.

Darüber hinaus entständen Schutzlücken für die einzelnen Gesellschafter: Anders als bei einer GmbH hätten sie wegen des Prinzips der Selbstorganschaft keine Möglichkeit, Sorge dafür zu tragen, dass im Fall ihrer Geschäftsunfähigkeit ein Nichtgesellschafter an ihrer Stelle geschäftsführungsberechtigt wird. Da auch ein Betreuer im Fall des Erlöschens der Geschäftsführungsrechte diese Rechte nicht wahrnehmen könnte, obläge die Geschäftsführung ausschließlich den verbleibenden Mitgesellschaftern. In der Folge wäre nur eingeschränkt gewährleistet, dass im Rahmen der Geschäftsführung die Interessen geschäftsunfähiger Gesellschafter Berücksichtigung finden.

b) Vereinbarkeit von Vorsorgevollmachten mit dem Prinzip der Selbstorganschaft

Den Dreh- und Angelpunkt der Problematik „Wahrnehmung von Leitungsbefugnissen durch Vorsorgebevollmächtigte" bildet bei Personengesellschaften vielmehr das Prinzip der Selbstorganschaft. Das organschaftliche Geschäftsführungsmonopol der unbeschränkt haftenden Gesellschafter setzt auch der Bevollmächtigung zur Wahrnehmung von Leitungsbefugnissen Grenzen. So ist die Erteilung unwiderruflicher Vollmachten vor dem Hintergrund der Selbstorganschaft problematisch.[74]

---

72 Darauf weist zutreffend hin *Schäfer*, ZHR 175 (2011), 557, 572.
73 *Schäfer*, ZHR 175 (2011), 557, 572.
74 Vgl. Staudinger/*Habermeier*, BGB, Neubearb. 2003, § 709 Rn. 12; Ebenroth/Boujong/Joost/Strohn/*Mayen*, HGB, 2. Aufl. 2008, § 114 Rn. 17; Staub/*Schäfer*, HGB, 5. Aufl. 2009, § 114 Rn. 10: „Hinsichtlich der Delegation von Geschäftsführungsbefugnissen […] hat sich die Praxis in den letzten Jahrzehnten […] als zunehmend großzügig erwiesen, solange nur die Delegation nicht als unwiderruflich ausgestaltet ist"; *Ulmer/Schäfer*, in: Münchener Kommentar zum BGB, 5. Aufl. 2009, § 709 Rn. 5 f.; Oetker/*Weitemeyer*, HGB, 2. Aufl. 2011, § 114 Rn. 17. Unwiderrufliche Vollmachten akzeptierte der BGH für eine Sonderkonstellation in der – viel kritisierten – „Holiday Inn"-Entscheidung sowie im Fall einer Publikumsgesellschaft, BGH, NJW 1982, 1817; NJW 1982, 2495.

aa) Meinungsbild in der Literatur

Die Vereinbarkeit von Vorsorgevollmachten mit dem Prinzip der Selbstorganschaft wird, wie einleitend[75] erwähnt, von Handbüchern und Aufsätzen zu Vorsorgevollmachten – im Rahmen knapper Hinweise – regelmäßig kritisch gesehen. In der wissenschaftlichen Literatur[76] findet sich jedoch die Auffassung, dass das Prinzip der Selbstorganschaft der Wahrnehmung der Geschäftsführungsrechte durch einen Vorsorgebevollmächtigten nicht entgegenstehe, weil die Interessen der Mitgesellschafter durch weitreichende Widerrufsmöglichkeiten hinreichend gewahrt seien: Vor Eintritt der Geschäftsunfähigkeit des Vollmachtgebers könnten die Mitgesellschafter ihre – für die Wirksamkeit der Vorsorgevollmacht erforderliche – Zustimmung zur Vollmachtserteilung stets widerrufen, nach Eintritt der Geschäftsunfähigkeit nur bei Vorliegen eines wichtigen Grundes.

bb) Stellungnahme

(1) Kein Ausschluss von Vorsorgebevollmächtigten

Es ist zutreffend, dass das Prinzip der Selbstorganschaft die Ausübung der Leitungsbefugnisse durch einen Vorsorgebevollmächtigten nicht ausschließt. Dies ergibt sich wiederum aus einer Parallelbetrachtung zur Betreuung: Wie in der Literatur ganz überwiegend zugrunde gelegt, steht das Prinzip der Selbstorganschaft der Wahrnehmung der Geschäftsführungsrechte durch einen *Betreuer* nicht entgegen.[77] Eine abweichende Beurtei-

---

75 Oben Text zu Fn. 15.
76 *Schäfer*, ZHR 175 (2011), 557, 573 f., 580 f.
77 Staub/*Habersack*, HGB, 5. Aufl. 2009, § 125 Rn. 29; Baumbach/*Hopt*, HGB, 35. Aufl. 2012, § 125 Rn. 10; *K. Schmidt*, in: Münchener Kommentar zum HGB, 3. Aufl. 2011, § 125 Rn. 8, 18; Schlegelberger/*ders.*, HGB, 5. Aufl. 1992, § 125 Rn. 18; *Westermann*, in: Westermann/Wertenbruch (Hrsg.), Handbuch Personengesellschaften, 54. EL, Dezember 2012, Rn. 489; hingegen meint *Heckschen*, NZG 2012, 10, 14: „durchaus fraglich [...], ob mit diesem Prinzip zumindest eine dauerhafte Geschäftsführung durch einen Betreuer vereinbar ist". Damit korrespondierend kann nach h.M. der gesetzliche Vertreter die einem minderjährigen Gesellschafter zustehende Geschäftsführungsbefugnis ausüben, vgl. Baumbach/*Hopt*, HGB, 35. Aufl. 2012, § 105 Rn. 27; *Rawert*, in: Münchener Kommentar zum HGB, 3. Aufl. 2011, § 114 Rn. 36; *K. Schmidt*, in: Münchener

lung würde bei Personengesellschaften – anders als bei der GmbH – wiederum die Gefahr einer Handlungsunfähigkeit der Gesellschaft begründen. Denn ein Fortbestehen der Geschäftsführungsrechte im Fall der Geschäftsunfähigkeit bannt diese Gefahr nur dann vollständig, wenn die Rechte von einer anderen Person wahrgenommen werden – und diese Person kann, wenn der Gesellschafter keine Vorsorgevollmacht erteilt hat, nur der Betreuer sein. Ist die Vertretung durch einen *Betreuer* zulässig, ist – aus den in Bezug auf das Abspaltungsverbot ausgeführten Erwägungen zur Parallelbehandlung von Vorsorgebevollmächtigten und Betreuern – auch die Ausübung der Rechte durch einen *Vorsorgebevollmächtigten* zuzulassen, vorausgesetzt, die Mitgesellschafter haben der Vollmachtserteilung zugestimmt.

(2) Erfordernis der Widerruflichkeit der Zustimmung der Mitgesellschafter?

Die Vereinbarkeit mit dem Prinzip der Selbstorganschaft setzt jedoch generell nicht das Recht der Mitgesellschafter voraus, die Zustimmung zur Vollmachtserteilung ohne wichtigen Grund zu widerrufen: Bei der Betreuung haben die Mitgesellschafter keinen einer solchen Widerrufsmöglichkeit entsprechenden Einfluss auf die Vertretung. Infolge der grundsätzlich gebotenen Parallelbehandlung von Vorsorgevollmacht und Betreuung lässt sich das Widerruflichkeitserfordernis daher nur anerkennen, wenn hierfür ein hinreichender rechtfertigender Grund besteht. Das Interesse der Mitgesellschafter, sich vor der Mitwirkung eines unliebsam gewordenen Bevollmächtigten zu schützen, begründet keinen hinreichenden Legitimationsgrund.

Kommentar zum HGB, 3. Aufl. 2011, § 125 Rn. 18; anderer Ansicht Schlegelberger/*Martens*, HGB, 5. Aufl. 1992, § 114 Rn. 13.

(a) Nach Eintritt der Geschäftsunfähigkeit

Dies gilt zum einen für die Phase *nach* Eintritt der Geschäftsunfähigkeit.[78] Eine voraussetzungslose Widerrufsmöglichkeit nach Eintritt der Geschäftsunfähigkeit stände in eklatantem Widerspruch zu den Interessen des Vollmachtgebers, der in diesem Stadium nicht mehr auf den Widerruf reagieren kann.[79]

Darüber hinaus kollidierte eine solche Widerrufsmöglichkeit mit der Hinauskündigungsrechtsprechung des BGH. Danach sind Klauseln grundsätzlich unzulässig, die den Ausschluss eines Gesellschafters unabhängig vom Vorliegen eines sachlichen Grundes gestatten.[80] Zur Begründung führt der BGH an, dass solche Klauseln ein Damoklesschwert konstituieren. Der betroffene Gesellschafter müsse stets den Verlust seiner Gesellschafterstellung fürchten. Dies könnte ihn dazu veranlassen, sich an den Wünschen seiner Mitgesellschafter auszurichten, so dass er in der Ausübung seiner Mitgliedschaftsrechte nicht mehr frei sei. Diese Damokles-Erwägung greift auch, wenn den Mitgesellschaftern die Möglichkeit eingeräumt wird, nach Eintritt der Geschäftsunfähigkeit ihre Zustimmung zur Erteilung der Vorsorgevollmacht zu widerrufen: Die Möglichkeit des jederzeitigen Widerrufs begründete ein Damoklesschwert für den Vorsorgebevollmächtigten. Dieser müsste einen Widerruf fürchten, wenn er sich nicht an den Wünschen der Mitgesellschafter orientiert. Ein Widerruf ist für den Bevollmächtigten in aller Regel unerwünscht: Vorsorgevollmachten werden zumeist Abkömmlingen oder Ehegatten erteilt,[81] also Personen, die im Fall des Todes die Gesellschafterstellung erwerben und damit ein großes eigenes Interesse daran haben, auf die Geschicke der Gesellschaft Einfluss nehmen zu können. Im Fall des Widerrufs droht ein Ver-

---

78 A.A. *Wertenbruch*, in: Westermann/Wertenbruch (Hrsg.), Handbuch Personengesellschaften, 54. EL, Dezember 2012, Rn. 241b mit Fn. 2.
79 Gleichsinnig *Schäfer*, ZHR 175 (2011), 557, 581.
80 Aus der reichhaltigen Judikatur siehe etwa BGHZ 81, 263, 266 ff.; 112, 103, 107 f.; 164, 98, 101; NJW-RR 2007, 1256, 1257 f. Zum diesbezüglichen Streitstand in der Literatur vgl. Staub/*Schäfer*, HGB, 5. Aufl. 2009, § 140 Rn. 61 ff.; *K. Schmidt*, in: Münchener Kommentar zum HGB, 3. Aufl. 2011, § 140 Rn. 99 f.
81 Vgl. *Kropp*, in: Rudolf/Bittler/Roth, Vorsorgevollmacht, Betreuungsverfügung und Patientenverfügung, 3. Aufl. 2011, Rn. 72; *Müller/Renner*, Betreuungsrecht und Vorsorgeverfügungen in der Praxis, 3. Aufl. 2011, Rn. 241, 626; *Sauer*, RNotZ 2009, 79, 85.

lust der Einflussmöglichkeit, da nicht gewährleistet ist, dass das Gericht sie als Betreuer bestellt.

(b) Vor Eintritt der Geschäftsunfähigkeit

Eine andere Behandlung der Phase *vor* Eintritt der Geschäftsunfähigkeit ist nicht gerechtfertigt. Eine unbeschränkte Widerrufsmöglichkeit der Mitgesellschafter nähme dem Vollmachtgeber jegliche Planungssicherheit. Dies ist umso problematischer, als es ihm in der Regel Schwierigkeiten bereitet, einen anderen Bevollmächtigten zu finden. Denn der Pool möglicher Vorsorgebevollmächtigter ist zumeist sehr klein: Die Erteilung einer Vorsorgevollmacht setzt großes Vertrauen voraus.[82] Ein solches Vertrauen besteht in der Regel nur gegenüber sehr wenigen Personen.

Darüber hinaus ist zu beachten, dass der Gesellschaftsvertrag einem einzelnen Gesellschafter das Sonderrecht einräumen kann, die Erteilung einer Generalvollmacht durch die Gesellschaft zu verlangen.[83] Die Erteilung darf in diesem Fall nur aus wichtigem Grund verweigert bzw. nachträglich widerrufen werden. Es wäre nicht konsistent, hier einem einzelnen Gesellschafter die alleinige Entscheidungsbefugnis über Erteilung und Fortbestand einer Generalvollmacht zuzugestehen, bei der Erteilung einer Vorsorgevollmacht jedoch zu verweigern.

V. Zusammenfassung

1. Die Ausübung organisatorischer Mitgliedschaftsrechte durch einen Vorsorgebevollmächtigten ist – jedenfalls wenn alle Mitgesellschafter der Vollmachtserteilung zugestimmt haben – grundsätzlich zulässig. Das Abspaltungsverbot steht nicht im Wege.
2. Bei der GmbH-Geschäftsführung scheidet die Vertretung durch einen Vorsorgebevollmächtigten infolge Erlöschens des Geschäftsführeramtes (§ 6 Abs. 2 S. 1 bzw. § 6 Abs. 2 S. 2 Nr. 1 GmbHG) aus, wenn der

---

82 Vgl. *Bundesministerium der Justiz*, Betreuungsrecht, 2012, S. 34; *Winkler*, Vorsorgeverfügungen, 4. Aufl. 2010, S. 7.
83 Zu dieser Möglichkeit vgl. Staub/*Habersack*, HGB, 5. Aufl. 2009, § 125 Rn. 14; Schlegelberger/*K. Schmidt*, HGB, 5. Aufl. 1992, § 125 Rn. 11.

Geschäftsführer geschäftsunfähig wird oder für ihn – aufgrund der Notwendigkeit eines Einwilligungsvorbehalts – trotz Vorsorgevollmacht Betreuung und Einwilligungsvorbehalt angeordnet werden. Im Übrigen sind nur Vollmachten mit beschränktem Umfang zulässig.
3. Bei Personengesellschaften können Vorsorgebevollmächtigte auch die Geschäftsführungsrechte eines Gesellschafters wahrnehmen, sofern die Mitgesellschafter der Vollmachtserteilung zugestimmt haben. Das Prinzip der Selbstorganschaft steht nicht entgegen. Eine freie Widerruflichkeit der Zustimmung der Mitgesellschafter ist hierfür nicht Voraussetzung.

Simone de Beauvoir hat einmal gesagt: „Die Menschen verdrängen, was ihnen missfällt. Und besonders das Alter."[84] Es ist zu wünschen, dass sich diese Grundhaltung bei den Gesellschaftern von Personengesellschaften und GmbHs bald ändert.

---

84   *De Beauvoir*, Das Alter, Neuausgabe 2000, S. 5.